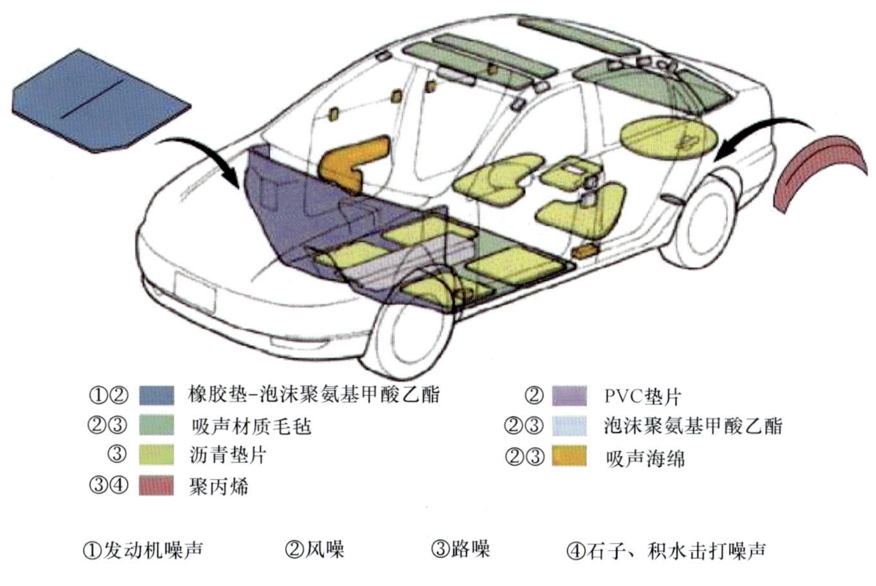

图 4-39 吸声减振材料在车上的分布

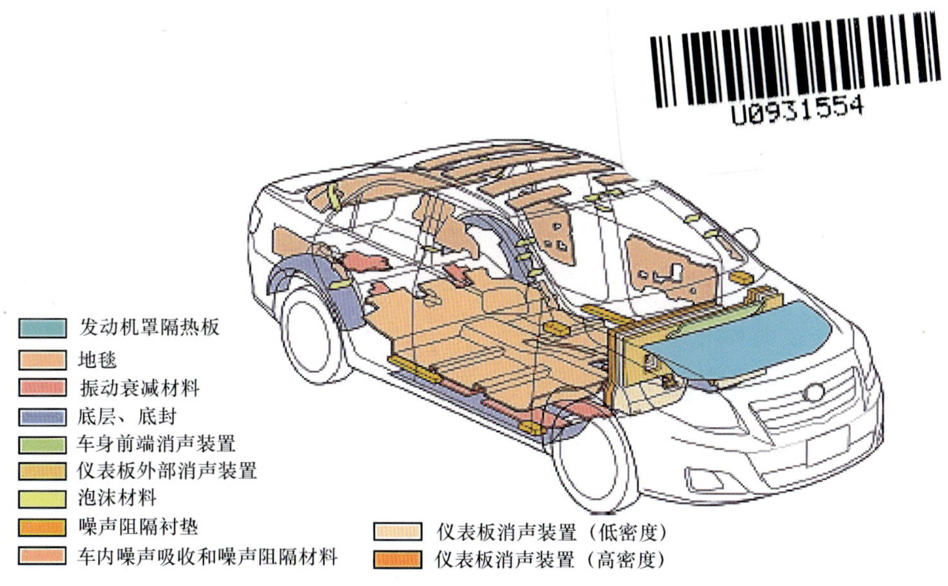

图 6-1 某紧凑型轿车的全车静谧性使用材料

高等职业教育改革创新规划教材

职业教育“立交桥”建设系列教材

汽车商品

主　编　沈铁娜

参　编　张亦纯

主　审　鲍贤俊

机 械 工 业 出 版 社

本书共分为八个项目、十七个活动，针对汽车销售岗位所需的商品知识需求，分别翔实地介绍了如何把汽车整体性能、汽车动力性能与经济性能、汽车操控性能、汽车舒适装备、汽车安全配置、汽车环保性能、汽车智能化功能以及汽车商品相关使用常识等向客户进行有效推介的方法。

本书填补了汽车销售与售后服务岗位群没有“汽车商品”类通用培训教材的空白。它涵盖了国内汽车销售市场上众多具有代表性的车型，多角度、全方位地把汽车作为商品的特质场景化方式呈现出来，使得知识与能力并重，具有较强的实践性。

本书适用于高职高专院校和实施中高职贯通教育的院校开设的汽车技术服务专业、汽车营销等专业，也可供汽车营销从业人员、汽车服务顾问等专业人士学习借鉴。

图书在版编目（CIP）数据

汽车商品/沈铁娜主编. —北京：机械工业出版社，2013.10（2022.1 重印）
高等职业教育改革创新规划教材　职业教育“立交桥”建设系列教材
ISBN 978-7-111-44291-2

Ⅰ.①汽…　Ⅱ.①沈…　Ⅲ.①汽车－商品学－高等职业教育－教材
Ⅳ.①F766

中国版本图书馆 CIP 数据核字（2013）第 236354 号

机械工业出版社（北京市百万庄大街 22 号　邮政编码 100037）
策划编辑：曹新宇　责任编辑：曹新宇　贺贵梅
版式设计：常天培　责任校对：刘秀芝
封面设计：陈　沛　责任印制：常天培
固安县铭成印刷有限公司印刷
2022 年 1 月第 1 版第 4 次印刷
184mm×260mm ·9 印张·1 插页·218 千字
标准书号：ISBN 978-7-111-44291-2
定价：30.00 元

电话服务　　网络服务
客服电话：010-88361066　机　工　官　网：www.cmpbook.com
010-88379833　机　工　官　博：weibo.com/cmp1952
010-68326294　金　书　网：www.golden-book.com
封底无防伪标均为盗版　机工教育服务网：www.cmpedu.com

前言

我国汽车产销量不断刷新全球历史纪录，推动汽车售后服务市场的迅猛发展。伴随着汽车相关企业数量的持续上升，汽车消费主体的日益多元化，广大消费者对高质量汽车服务的渴求日益增长，车辆销售和售后服务等从业人员数量不足、素质不高的问题日益凸显，成为制约汽车后市场发展的瓶颈，急待相应专业的人才补充。综合各大人才招聘市场和网站的相关信息，绝大多数以经营品牌为主的4S店，对汽车销售和售后服务类的职位在学历和资质、技能、职业素养等方面要求更高更严格。

汽车技术服务与营销岗位亟需能够熟练运用销售与售后服务技巧实施汽车服务的综合型人才。掌握“汽车”这个商品本身的相关知识要素和推介话术是非常核心的能力之一；对行业的调查也发现，大多数汽车销售和售后服务从业人员认为在工作中或自我职业的发展中比较欠缺的是把汽车作为“商品”进行推介的相关技能。行业的实际需要应是汽车商品知识教学的依据，在整个教学中应以学生在行业中所需的技能培养为目标。汽车商品知识的教学担负着促使学生适应汽车销售岗位的任务，让学生真正学会在专业领域中用销售话术去进行有实际意义的汽车商品推介。在这种背景下，我们编写了这本《汽车商品》教材。

本书适应行业发展要求、与职业标准对接紧密。它立足岗位，对照企业对汽车销售岗位的用人需求，以就业为导向、以能力为本位，适应我国汽车服务业对高素质人才的需求，具有以下特点：

1）教材符合新课程标准精神和岗位实际需求，把原有各大院校的汽车销售类课程中的关于商品知识的教学从“汽车构造知识”转变为真正的“商品知识”教学，与该岗位的工作实际真正贴合，具有前瞻性和实用性。

2）结合教育部、交通部的职业院校技能比赛的内容，将比赛项目“汽车营销”的商品知识导入教材。以能力培养为出发点编写，以任务引领理论，循序渐进、贴合岗位实际。

3）注重应用性技能的培养，注重专业知识的融合。以典型的汽车销售服务为载体设计项目和活动，每个活动利用客户群体的特征针对性地运用FAB法设置详细的专项训练。

4）把销售话术融入汽车商品知识的推介中，把教学活动以场景化的形式生动呈现，可以使学生真正从汽车销售岗位的角度掌握汽车商品知识，了解汽车商品的核心信息。

5）教材以学生为主体，注重培养学生的实践精神。教材中每一个活动都以岗位实践为假想而设计，利用本教材教学，学生可以充分获得实践体验。

6）教材的编排体系和结构采用开放式，给教师更多的空间自由调整教学内容，使教材更具灵活性。本教材将汽车销售所需的汽车商品知识化解到各品牌汽车，采用一个活动一个品牌的编排方式，并且涉及汽车商品的品牌具有代表性，知识点丰富、涵盖面大、适用面广，这样安排有利于学生的使用，也给教师教学提供方便，同时也不会限制教师根据自己的教学实际安排近似的教学计划，使他们有了更大的教材使用自主权。

7）技能训练步骤详尽，图示明确清晰。教材的构建注重图文并茂，以调动学生的视觉，从各方面投入学习。版式的设计也灵活、独特。这在一定程度上体现了现代教科书的构建特征。

本书是一本解决汽车销售教学急需的教材，对汽车服务专业的教学有很好的促进作用。此外，本书也可作为国内汽车服务业就业群体学习提高和培训教材或参考读物使用。

本书由上海交通职业技术学院沈轶娜主编；上海交通职业技术学院张亦纯参加编写；全国交通职业教育教学指导委员会交通运输管理专业指导委员会主任、第九届国家督学、上海交通职业技术学院院长鲍贤俊对全书进行了主审。

由于时间仓促，本书定有许多不足之处，敬请广大读者和同仁使用后批评指正，以便再版时修正。

编　者

目 录

项目一 汽车整体推介

【学习目标】

1. 了解汽车制造公司的概况，知道汽车品牌的标识和含义。
2. 掌握车型的特点及市场定位。
3. 掌握汽车外观各个部分的形式和特点。
4. 掌握汽车各种储物空间的布置形式和特点。
5. 能够向客户推介汽车的整体，展示汽车内外部的全貌。

活动1 汽车品牌及车型介绍

【活动描述】

某SUV（运动型多用途车），发动机排量为1.8L，手自一体变速器，市场价格约为25万元。某客户来到销售展厅准备购买新车，在挑选过程中对该轿车表现出较大的兴趣。作为销售人员，要抓住时机向客户推介该车。在本活动中，要向客户推荐该轿车的品牌，并介绍其车型。

【知识准备】

一、汽车商品推介的方法

汽车商品有别于其他商品，它由数万个零件构成，结构繁复；是体型较大的运载机器，价格不菲。在向顾客介绍汽车时，如果只是简单的顾客问、销售员答，难以起到较好的效果，达成销售的意愿。

良好的汽车商品推介方法应该起到这样的效果：能主动引导顾客观察汽车，从而使顾客提出问题、增加兴趣；在向顾客介绍汽车时应有良好的互动，使顾客的好感得到提升、加深交流；在介绍每一个部位或者功能时能清晰地进行说明，让顾客对汽车有直观的认知，进而喜欢和需要。要做到上述这些，就需要运用FAB法进行商品推介。

F：FEATURES，意为特征，即商品的配备、性能，也就是销售人员阐述的有关产品或服务的信息。

A：ADVANTAGES，意为优点、优势（也称为一般益处），它是指销售人员所阐述的产品或服务在一般意义上带来的好处。

B：BENEFITS，意为益处（也称为特别益处），它特指销售人员所阐述的，并是顾客明确表示需要的产品或服务的性能或优点。

比如在介绍“防眩目内后视镜”时，普通的说法是向客户说：“这种后视镜可以防止你眼睛被眩，很好的。”客户对此一般不会作出很认同的反应。使用FAB法介绍，说法就变成：“这种电子自动调节防眩目内后视镜能自动感知光线的强弱并作出相应的调节（F）；它可以将强光有效吸收并降低光线的强度，使反射出来的光线变得柔和（A）；这样使您夜晚行车时，不必担心后车照射的灯光对您造成视线的干扰，从而使夜间行车的安全性得到有效提升（B）。”客户便能清楚地明白这种后视镜的特点和优势，除此之外他还会感受到销售人员是站在自己的立场考虑问题，这样的推介就能有效提高成交率。

二、汽车品牌知识

汽车品牌众多，以下主要介绍在国内市场占有主要份额的部分汽车品牌。

1. 德系车主要品牌

（1）大众　大众汽车公司是世界十大汽车公司之一，1938年创建于德国的沃尔夫斯堡，创始人是世界著名的汽车设计大师波尔舍，是一个在全世界许多国家都有汽车生产、销售等活动的跨国汽车集团，在全世界有13家生产性子公司，德国海外有7个销售公司，23个其他公司。该公司目前拥有大众、奥迪、甲壳虫、宾利、斯柯达、兰伯基尼、布加迪等品牌。

大众，意为大众使用的汽车；图形是德文VolksWagenwerk单词中的两个字母V和W的叠合，并镶嵌在一个大圆圈内，如图1-1所示。图形形似三个“V”字，表示大众公司及其产品必胜。

图1-1　大众品牌标志

（2）奔驰　戴姆勒-奔驰汽车公司是世界十大汽车公司之一，创立于1926年，创始人是卡尔·本茨和戈特利布·戴姆勒。奔驰汽车公司除以高质量、高性能豪华汽车闻名外，它也是世界上最著名的大客车和重型货车的生产厂家。创始至今，公司不追求汽车产量的扩大，而只追求生产出高质量、高性能的高级别汽车产品。在世界十大汽车公司中，奔驰公司产量最小，但它的利润和销售额却名列前五名。奔驰公司总部设在德国斯图加特，在国内有6个子公司，国外有23个子公司，在全世界范围内都设有联络处、销售点以及装配厂。

1998年5月，德国的戴姆勒-奔驰汽车公司与公司总部设在美国底特律的美国第三大汽车公司——由沃尔特·克莱斯勒创立于1925年的克莱斯勒公司宣布合并，合并后的新公司名为戴姆勒-克莱斯勒汽车公司，奔驰和克莱斯勒公司当时分别持有新公司57%和43%的股份。公司旗下拥有梅赛德斯-奔驰、克莱斯勒、Smart、鹰、蝰蛇等品牌。

寒光闪耀的三叉星自 1909 年开始使用，100 多年来始终是奔驰最夺目的标志，它的三尖代表着海、陆、空三位一体的现代化，如图 1-2 所示。

图 1-2 奔驰品牌标志

（3）宝马 宝马公司创建于 1916 年，总部设在慕尼黑。它由最初的一家飞机发动机生产厂发展成为今天以高级轿车为主导，并生产享誉全球的飞机发动机、越野车和摩托车的企业集团，其业务遍及全世界 120 个国家。宝马历来以重视技术革新而闻名，不断为高性能高档汽车设定新标准，同时十分重视安全和环保问题。

1998 年，宝马集团购得了劳斯莱斯汽车品牌，现拥有 MINI、宝马、劳斯莱斯等品牌，其中宝马品牌产有 1、3、5、7、8、X 等系列汽车。

如图 1-3 所示，宝马的标志反映了其以生产飞机发动机起家的历史：蓝白两色表示蓝天白云，由此构成的十字正契合了飞机螺旋桨的形状。

图 1-3 宝马品牌标志

2. 美系车主要品牌

（1）通用 通用汽车公司是世界上最大的汽车公司。它是由威廉·杜兰特于 1908 年 9 月在别克汽车公司的基础上发展起来的，成立于美国的汽车城底特律，自 1931 年以来，已成为世界上销量最大的汽车公司，现总部仍设在底特律。它生产的汽车，典型地表现了美国汽车豪华、宽大、内部舒适、速度快、储备功率大等特点。通用汽车公司与很多汽车公司结成合作伙伴关系，目前拥有凯迪拉克、庞蒂克、别克、雪佛兰、悍马、欧宝、绅宝、道奇、土星品牌。

如图 1-4 所示，其标志 GM 取自其英文名称（General Motor Corporation）的前两个单词的首字母。

图 1-4 通用品牌标志

（2）福特 福特汽车公司是世界上最大的汽车企业之一，由亨利·福特创立于 1903 年。1908 年，福特汽车公司生产出世界上第一辆属于普通百姓的汽车——T 型车，世界汽车工业革命就此开始。1913 年，福特汽车公司又开发出了世界上第一条流水线，这一创举使 T 型车产量一共达到了 1500 万辆，福特为此被尊为“世界装上轮子”的人。

福特汽车公司目前拥有福特、林肯、水星、沃尔沃、阿斯顿·马丁、陆虎、美洲豹等众多品牌。此外，还拥有世界最大的汽车信贷企业——福特信贷、全球最大的汽车租赁公司 Hertz 及汽车维修公司 Kwik-Fit。由于福特汽车公司多年的苦心经营，这些品牌本身都具有巨大的价值。

如图 1-5 所示，福特汽车的标志是采用福特英文 Ford 字样，蓝底白字。由于创建人亨利·福特特别喜欢动物，所以设计者把福特的英文画成像一只小白兔样子的图案。

图 1-5 福特品牌标志

3. 韩日系车主要品牌

（1）现代-起亚 现代汽车公司是韩国最大的汽车企业，世界

20 家最大汽车公司之一。该公司创立于 1967 年，公司总部在韩国首尔，主要产品有小马牌、超小马牌、斯拉塔牌小客车及货车。

起亚汽车公司成立于 1944 年，是韩国最早的汽车制造商，拥有完善的乘用车和商用车生产流水线。

如图 1-6 所示，现代汽车的标志是取其第一个字母变形而成；起亚汽车的标志是其英文字样。

图 1-6　现代-起亚品牌标志

（2）丰田　丰田公司是世界十大汽车工业公司之一，日本最早的汽车公司，创立于 1933 年，总部在日本东京，现在已发展成为以汽车生产为主，业务涉及机械、电子、金融等行业的庞大工业集团，产品销往世界 140 个国家和地区。第二次世界大战之后，丰田汽车公司很快掌握了先进的汽车生产和管理技术，并创造了著名的丰田生产管理模式，并不断加以完善和提高，大大提高了工厂的生产效率。现有丰田、皇冠、卡罗拉、普拉多、雷克萨斯、日野等品牌，其中雷克萨斯是丰田汽车公司于 20 世纪 80 年代推出的豪华轿车系列，现已拥有 LS、GS、IS、RX 等不同系列的车型，其标志取车名的英文第一个字母，即 LEXUS 的第一个字母“L”。

丰田公司的三个椭圆的标志是从 1990 年初开始使用的。如图 1-7 所示，标志中的大椭圆代表地球，中间由两个椭圆垂直组合成一个 T 字，代表丰田公司。它象征丰田公司立足于未来，对未来的信心和雄心；还象征着丰田公司立足于顾客，对顾客的保证，象征着用户的心和汽车厂家的心是连在一起的，同时喻示着丰田的高超技术和革新潜力。

图 1-7　丰田-雷克萨斯品牌标志

（3）本田　本田公司是世界上最大的摩托车生产厂家，汽车产量和规模也名列世界十大汽车厂家之列，于 1948 年创立，公司总部在东京。该公司素有日本汽车技术发展的排头兵之称，是日本第一个达到美国标准的汽车公司；它的电子导航仪是世界上最先应用在汽车上的导航装置。本田公司车队也是赛场上实力强劲的运动车队，在汽车赛场、摩托车赛场，本田车队每年都要拿几个世界冠军。本田公司主要的汽车产品有雅阁、思域、时韵、City 以及本田 NSX、S2000 等。阿库拉（ACURA）是本田汽车公司豪华车品牌，有独立的标志，它诞生于 1986 年 3 月，现有六种车型，其中 RL3. 2L 是高级轿跑车。

本田公司在 20 世纪 80 年代成立了商标设计研究组，从来自世界各地的 2500 多件设计图稿中，确定了现在的三弦音箱式商标，也就是带框的“H”。如图 1-8 所示，图案中的 H 是“本田”拼音 Honda 的第一个字母。这个标志体现出技术创新，职工完美和经营坚实的特点。

图 1-8　本田-阿库拉品牌标志

（4）三菱　三菱汽车工业公司是日本三菱集团成员之一。1970 年，在三菱重工业公司和美国克莱斯勒公司共同出资下，成立了三菱汽车工业股份有限公司，公司总部设在东京。三菱汽车公司注重技术开发和新技术的采用，曾生产出日本第一辆柴油客车。该公司生产的轿车和越野吉普车品质优良。三菱生产的有华丽、扶桑、海市蜃楼、米尼卡、蓝鸟枪骑兵和枪骑兵等品牌的轿车。

三菱（Mitsubishi）商标是于1917年注册的三瓣菱形钻石图案，如图1-9所示。三菱体现了公司的三个原则：承担对社会的共同责任、诚实与公平、通过贸易促进国际谅解与合作。

图1-9　三菱品牌标志

（5）马自达　马自达汽车公司本名为东洋工业公司，成立于1920年，是以生产汽车为主的主要厂家。该公司生产的汽车品牌“松田”是东洋工业公司创始人的名字，“松田”的发音为Mazda。

最初的马自达汽车标志是在椭圆之中有双手捧着一个太阳，与福特公司合作之后，采用了新的车标，椭圆中有展翅飞翔的海鸥，同时又组成“M”字样，如图1-10所示。“M”是“MAZDA”第一个大写字母，预示该公司将展翅高飞，以无穷的创意和真诚的服务，迈向新世纪。

（6）日产　日产汽车公司创立于1933年，是日本三大汽车制造商之一，也是第一家开始制造小型Datsun轿车和汽车零件的制造商。几十年来，日产汽车公司的技术与产品受到全世界消费者的喜爱。

日产汽车公司标志中圆表示太阳，中间的字是“日产”两个字的日语拼音形式，整个图案的意思是“以人和汽车明天为目标”。英菲尼迪是日产公司的一个豪华轿车分部，其标志中的椭圆曲线代表无限扩张之意，两条直线代表通往巅峰的道路，象征着无尽的发展和永无止境的追求，如图1-11所示。

图1-10　马自达品牌标志

图1-11　日产-英菲尼迪品牌标志

4. 国产车主要品牌

（1）荣威　荣威（ROEWE）是上海汽车工业（集团）总公司旗下的一款汽车品牌。2006年10月12日，上海汽车（集团）股份有限公司正式对外宣布，其自主品牌定名为“荣威（ROEWE）”，取意“创新殊荣、威仪四海”。作为一个全新的自主品牌，荣威的发展迅速，其产品已经覆盖中级车与中高级车市场，“科技化”已经成为荣威汽车的品牌标签。荣威品牌口号为“品位，科技，实现”。拥有350、550、750、950、W5、E50等车型。

荣威标志的图案充分体现了经典、尊贵的气质，整体形象中西合璧，包蕴自信内涵，双狮图案以直观的艺术化手法，展现出尊贵、威仪、睿智的强者气度，如图1-12所示。该图标充分阐释了上海汽车以自主掌控、自主创新的信念，传承世界先进技术，全新塑造中国的国际品牌的决心和信心。

图1-12　荣威品牌标志

（2）奇瑞　奇瑞汽车股份有限公司于1997年1月8日注册成

立，1999 年 12 月 18 日第一辆奇瑞轿车下线、以 2010 年 3 月 26 日第 200 万辆汽车下线为标志，奇瑞进入打造国际名牌的新时期。目前，奇瑞公司已具备年产 90 万辆整车、90 万台发动机、40 万套手动变速器及 5 万套自动变速器的生产能力。先后与美国量子、克莱斯勒、意大利菲亚特等企业建立合作合资关系，开创了中国汽车工业跨国合作的新阶段。目前，奇瑞正全面推进全球化布局，产品面向全球 80 余个国家和地区出口，实现了全面覆盖亚、欧、非、南美和北美五大洲的汽车市场。

目前奇瑞拥有 QQ3、QQ6、A1、瑞麒 2、旗云、奇瑞 3、A5、瑞虎 3、东方之子、东方之子 Cross 等近 30 款产品，其标志如图 1-13 所示。

（3）吉利　吉利控股集团有限公司是中国国内汽车行业十强中唯一一家民营轿车生产经营企业，始建于 1986 年，经过近三十年的建设与发展，在汽车、摩托车、汽车发动机、变速器、汽车电子电气及汽车零部件方面取得辉煌业绩。1997 年进入轿车领域，凭借灵活的经营机制和持续的自主创新，取得了快速的发展，连续多年进入全国企业 500 强，跻身于国内汽车行业十强。2009 年 12 月 23 日，成功收购沃尔沃汽车 100% 的股权。

吉利现有吉利豪情、美日、优利欧、SRV、美人豹、华普、自由舰等七大系列 30 多个品种的轿车，其标识如图 1-14 所示。

图 1-13　奇瑞品牌标志

图 1-14　吉利品牌标志

三、轿车的车型分类与定位

轿车的分类方法有很多，汽车销售中习惯使用的分类方法是：

1）我国对轿车等级的规定是按其发动机的排量来划分的，一般分为微型轿车、普通级轿车、中级轿车、中高级轿车和高级轿车五类。

发动机排量小于 1.0L 的是微型轿车；发动机排量在 1.0～1.6L 的是普通级轿车；发动机排量在 1.6～2.5L 的是中级轿车；发动机排量在 2.5～4.0L 的是中高级轿车；发动机排量大于 4.0L 的是高级轿车。

2）国际上通常参照德国大众公司的分类法对轿车的等级进行分类，将轿车分为 A00、A0、A、B、C、D 六个等级，具体划分标准见表 1-1。

表 1-1　国际轿车等级划分标准

轿车等级	轴距/m	排量/L	整车质量/kg
A00	2.0～2.2	<1	<680
A0	2.2～2.3	1.0～1.3	680～800
A	2.3～2.4	1.3～1.6	800～970

（续）

轿车等级	轴距/m	排量/L	整车质量/kg
B	2.4～2.6	1.6～2.0	970～1150
C	2.6～2.8	2.0～2.5	1150～1380
D	>2.8	>2.5	>1380

【活动实施】

一、汽车品牌介绍

F：您眼前的这台车是世界十大汽车公司之一，大众公司生产的，大众公司的深远历史众所周知，它的创始人是世界著名的汽车设计大师，现在大众公司在世界上拥有几十家分公司，品牌一直是其上佳品质的保证。

A：今年这台车上市以来，在市场上一直处于供不应求的状况，且创下了未上市即有7万台订单的SUV神话。因为这个品牌本身底蕴就够深厚，客户们对我们这个品牌有着非同一般的信赖，当然这里有很多老客户，还有口口相传带来的新客户。车子的口碑好是因为品质过硬，我们的汽车坚固、安全是出名的，选这个品牌绝对不会错。

B：包括您看的这台SUV在内，所有产品都是质量上乘，开着这个品牌的车，更彰显您的不凡品味。品牌更是服务的保证，作为最早进入内地市场的品牌之一，它入驻本地已经有近三十年的历史了！这么久的时间，它的售后服务网络已经很密集地铺开了，不管是您家附近，还是再偏远些的地方，都有这个品牌的4S店或者特约维修站，服务正规、到位，不会让你在保养维修方面有任何后顾之忧。

二、汽车车型推荐

F：SUV就是运动型多功能用途车（Sport Utility Vehicle）。这种车造型大气、线条粗犷（图1-15），具有较强的牵引能力。这台车可选有1.8TSI和2.0TSI两种动力系统，搭配5速手动或6速手自一体变速器，采用前独立悬架，后非独立悬架的制式，一定程度上既有轿车的舒适性又有越野车的能力；配置到位，ESP系统、上坡辅助、胎压监测都是全系标配；带有座椅多组合功能，适用范围非常广。

图1-15 SUV车型外观

A：它的动力优于一般轿车（发动机室如图1-16所示），不仅加速快、极速高，而且因为杰出的驱动力分配、智能辅助系统，适应能力强，可以应对很多复杂路况；它的功能也不局限于轿车具有的主要载客功能，它是能载人又可载货，具有较强的实用性。

B：对于车主来说，选择这样一台车完全是物有所值。它动力强劲、操控性好，完全可以做到电脑自动化控制，让您轻松驾驭；给您的稳健感觉明显，不仅在高速公路上有很好的

图 1-16　SUV 发动机室

稳定性，行走在一般城市路面或坑洼较多的路况，优质的底盘系统都能兼顾您的舒适感和良好的路感；空间更是领先同级车辆，并且后排功能十分的强大，可以随您的心意进行安排，让您举家出游都不成问题。

练习题 1

某轿车，搭载排量为 1.6L 的涡轮增压式发动机，6 挡手自一体变速器，市场价格约为 19 万元，其外形如图 1-17 所示。试向客户介绍其品牌实力和特点，推荐其整体性能。

图 1-17　某轿车的外形

提示：

客户是否选择购买车辆，往往与第一印象密切相关，这个第一印象包括汽车外观和整体性能，也包括销售顾问与客户的接触。所以在向顾客推介车辆时，要充分使用 FAB 法把车辆作为商务或家用轿车的最优特质呈现给客户。

活动 2　汽车外观介绍

【活动描述】

某 SUV，发动机排量为 1.8L，手自一体变速器，市场价格约为 25 万元。某客户来到销售展厅准备购买新车，在挑选过程中对该轿车表现出较大的兴趣。作为销售人员，要抓住时机向客户推介该车。在本活动中，要向客户推荐该轿车的整体外观以及外观可见的各部件等。

【知识准备】

一、汽车外形

1. 汽车的形状

汽车的形状各有不同，经历了箱型、船型、楔型和流线型等变化。随着汽车速度的增加，减小风阻问题日益重要。减少迎风面积和采用流线形状成为影响汽车外形设计的主要原则。

降低车厢高度可以有效地减小迎风面积，楔型的汽车在减小迎风面积方面可谓是登峰造极，如图 1-18 所示。但是楔型汽车的运载空间很小，多作为赛车。

流线型是指空气流过不产生旋涡的理想形状，可以减少空气流经车身时产生的涡流，从而减少阻力。真正达到减小风阻系数，公认的最能够代表流线型车身的车型是 1935 年问世的大众甲壳虫。可以说甲壳虫车车身就是标准的流线型车身，如图 1-19 所示。人们常用的是流线型的各种变形，如斜背式、鱼形、滴水形等，以及它们的某种组合。

图 1-18　楔型的汽车

图 1-19　流线型车身

工程师通过风洞试验、观察风洞中烟带的形状，来确定汽车的空气动力学性能，如图 1-20 所示。试验证明，流线型同样不是汽车的理想外形，也有它的弊病，首先高速行驶时会产生升力，影响驾驶稳定性，为了克服这个弊病，设计师还要在车身上安装导流板和扰流板；其次，与箱式车身相比，一味追求流线型使得车内空间明显变得很小，特别是后排空间，头顶上几乎没有空间。

图 1-20　风洞试验

2. 汽车外形对汽车行驶的影响

汽车行驶时总是受到空气阻力的影响，空气阻力分为摩擦阻力、形状阻力、干扰阻力、内循环阻力和诱导阻力等。一般在轿车的空气阻力中，形状阻力占据的比例最高，为

58%，空气阻力中各种阻力所占比例如图 1-21 所示。

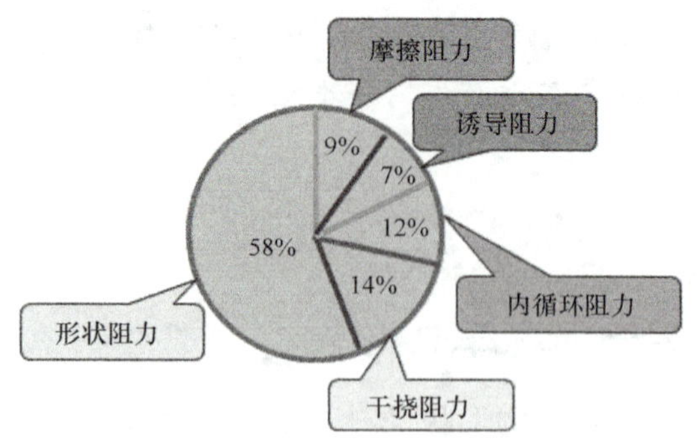

图 1-21　空气阻力中各种阻力所占比例

减小空气阻力可以起到使汽车行驶更稳定、降低油耗等作用。空气阻力系数是计算汽车空气阻力的一个重要系数，它是通过风洞实验和下滑实验所确定的一个数学参数，用它可以计算出汽车在行驶时的空气阻力。风阻系数的大小取决于汽车的外形，风阻系数越大，则空气阻力越大。减小空气阻力系数值 C_D 是减小空气阻力的主要手段。19 世纪 60 年代轿车的 C_D 值在 0.4～0.6，如今轿车 C_D 值已减小至 0.2～0.3，一些赛车甚至可达到 0.15 左右。低 C_D 值的车身具有这样的特点：车头前端低矮、大弧形的车头拐角、合适的入风口、前后翼子板向内收缩、前风窗玻璃倾斜角较大、平滑的表面、曲率较大的 C 柱、高而短的行李箱盖等，如图 1-22 所示。

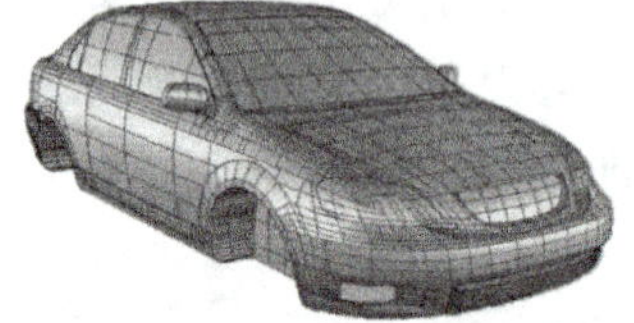

图 1-22　低 C_D 值的车身

二、车身外部可见主要部件

1. 汽车照明及信号系统

汽车上使用的照明及信号系统包括前照灯（俗称大灯）、雾灯、停车灯、示廓灯（俗称小灯）和尾灯、报警灯和转向灯、制动灯和倒车灯、牌照灯、顶灯和行李箱照明灯、仪表板照明灯等，如图 1-23 所示。

目前汽车前照灯大致分为三种类型：卤素灯、氙气灯（HID）和发光二极管（LED）。目前市场上的卤素灯和 LED 的价格相对较低，而氙气灯的价格一般都在 2000～5000 元。

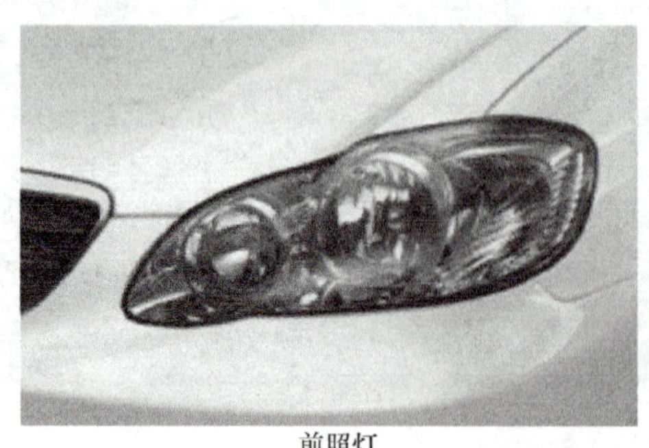

前照灯

尾灯

图 1-23　汽车灯具种类

雾灯

高位制动灯

图 1-23 汽车灯具种类（续）

卤素灯一般发黄（图 1-24），色温较低，大约 3000K 左右。由于使用石英玻璃作为玻壳，又常称为石英灯，价格不高，照明度充分，其达到峰值亮度的时间短，在作为汽车远光灯使用时，有其不可替代的优势。但是卤素灯是采用灯丝通电发光，灯丝在长时间高温下易发生熔断，故障率偏高，使用寿命不长。

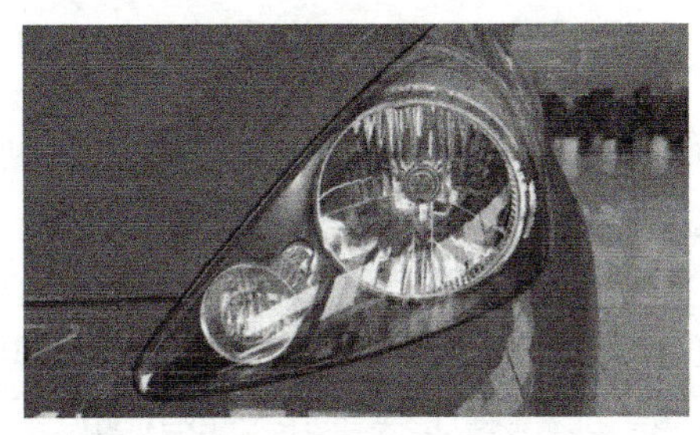
图 1-24 卤素灯

LED（图 1-25）是一种能够将电能转化为可见光的半导体，它改变了白炽灯钨丝发光与节能灯色粉发光的原理，采用电场发光。LED 发蓝光，色温达到 5000K 以上，使用寿命长、光效高、无辐射、功耗低。

氙气灯（图 1-26）又称为 HID，工作时所需的电流量仅为 3.5A，亮度是传统卤素灯的 3 倍，灯光发白，色温约为 4000K 左右；使用寿命比传统卤素灯长 10 倍。

图 1-25 LED

图 1-26 氙气灯

2. 汽车刮水器

为了保证汽车在雨天或雪天行驶时驾驶员有良好的视线，以确保行车安全，在汽车风窗玻璃上装有刮水器，如图 1-27 所示。一般汽车的前风窗玻璃上都装有两个刮水器，有些汽车后窗也装有一个刮水器，有些高级轿车的前照灯上还装有刮水器，如图 1-28 所示。

目前在汽车上广泛采用的电动刮水器，普遍具有高速、低速及间歇 3 个工作挡位，而且除了变速之外，还有自动回位的功能。

另外，为了方便清洁风窗玻璃，配合刮水器还设置了风窗玻璃洗涤装置。风窗玻璃洗涤装置是由储液箱、洗涤泵、软管和喷嘴等组成。外部可见的是喷嘴，喷嘴安装在风窗玻璃下

图 1-27　刮水器

图 1-28　前照灯刮水器

面，如图 1-29 所示，发动机盖上的两个黑色物体即是喷嘴。也有隐藏式的喷嘴，嵌装在发动机盖内部。喷嘴可以使水喷射在风窗玻璃上的适当位置，直径一般为 0.8 ~ 1mm。洗涤泵连续工作一般不超过 1min，喷水停止后，刮水器应继续刮动 3 ~ 5 次，经过这样的配合，可以达到良好的清洁效果。

图 1-29　风窗玻璃洗涤喷嘴

3. 汽车车轮与轮胎

（1）车轮　车轮是汽车重要的安全件，几乎所有的汽车行驶性能都与车轮有关。车轮的结构如图 1-30 所示。

一般所说的车轮尺寸是指轮辋直径，也就是轮胎内径，如图 1-31 所示。

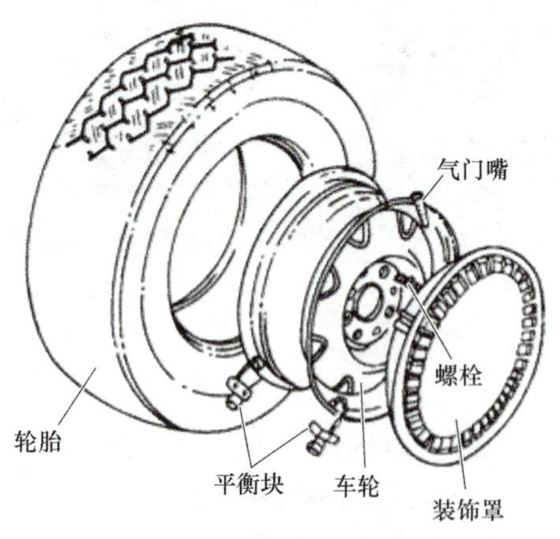

图 1-30　车轮的结构

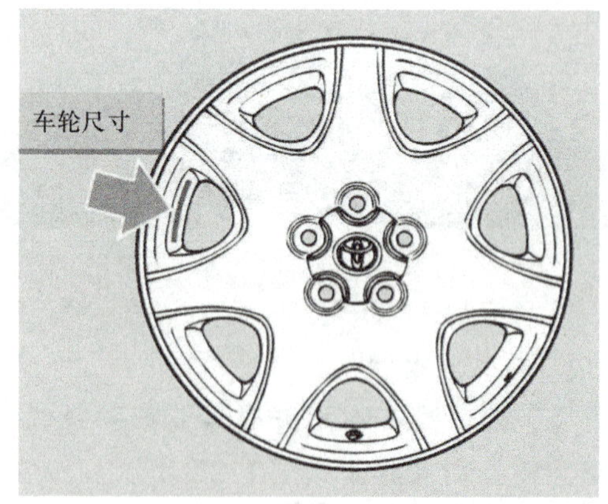

图 1-31　车轮尺寸

（2）轮胎

1）按照轮胎内空气压力的大小，轮胎分为高压（0.5 ~ 0.7MPa）胎、低压（0.15 ~ 0.45MPa）胎和超低压（0.15MPa 以下）胎。低压胎弹性好、减振性能强、壁薄散热性好、与地面的接触面积大附着性好，因而广泛用于轿车。超低压胎在松软路面上具有良好的通过能力，多用于越野汽车及部分高级轿车。

2）按照轮胎有无内胎，轮胎分为有内胎轮胎和无内胎轮胎（俗称真空胎）两种。

有内胎轮胎由外胎、内胎和垫带等组成，如图1-32所示。使用时，轮胎安装在汽车车轮的轮辋上。内胎上面装有气门嘴。垫带是一个环形的橡胶带，它垫在内胎与轮辋之间，以保护内胎不被轮辋和胎圈磨伤。

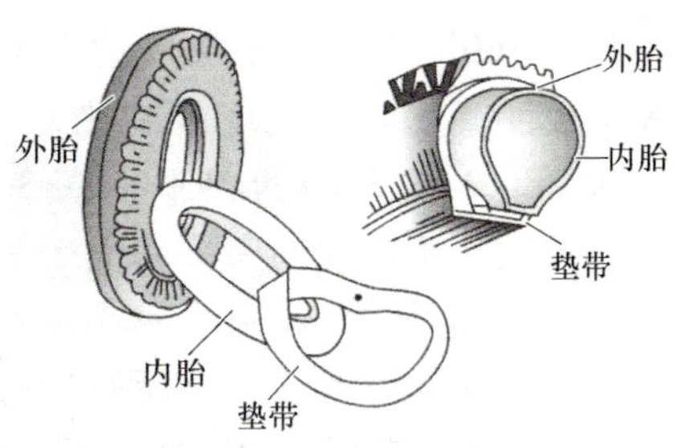

图1-32 有内胎轮胎

无内胎轮胎俗称真空胎，在外观上与普通轮胎相似，但是没有内胎及垫带。它的气门嘴用橡胶垫圈和螺母直接固定在轮辋上，空气直接充入外胎，其密封性能由外胎和轮辋来保证。如图1-33所示，无内胎轮胎的内壁有一层橡胶密封层，有的无内胎轮胎在该层下面还有一层自粘层，能自行将刺穿的孔粘合。在胎圈外侧也有一层橡胶密封层，用以加强胎圈与轮辋之间的气密性。无内胎轮胎一旦被刺破，穿孔不会扩大，故漏气缓慢，胎压不会急剧下降，轮胎仍能继续行驶一定距离，可消除爆胎的危险。无内胎轮胎因无内胎，摩擦生热少、散热快，适用于高速行驶；此外，结构简单，质量较轻，维修也方便。但密封层和自粘层易漏气，途中修理也较困难。无内胎轮胎必须配用深槽轮辋，故目前在轿车上应用较多。

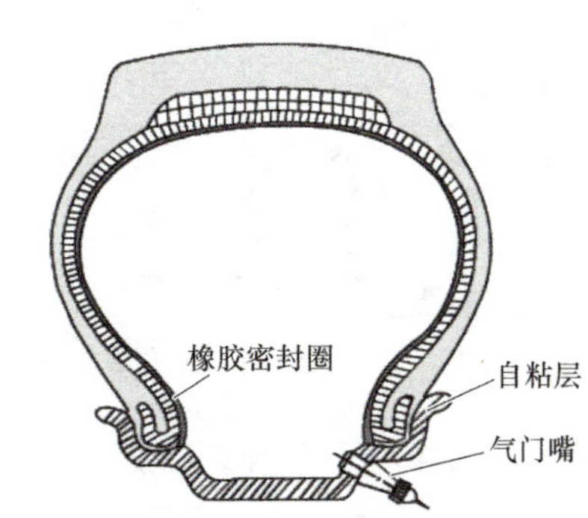

图1-33 无内胎轮胎

3）按照胎体帘布层结构的不同，轮胎分为子午线轮胎和斜交轮胎，如图1-34所示。子午线轮胎帘布层线与胎面中心线呈90°角或约90°角排列，附着性能好，使用寿命长；不易刺穿，散热性好；负荷能力大；行驶稳定性好。斜交轮胎帘布层和缓冲层的各相邻层帘线交叉，且与胎面中心线呈小于90°角排列。

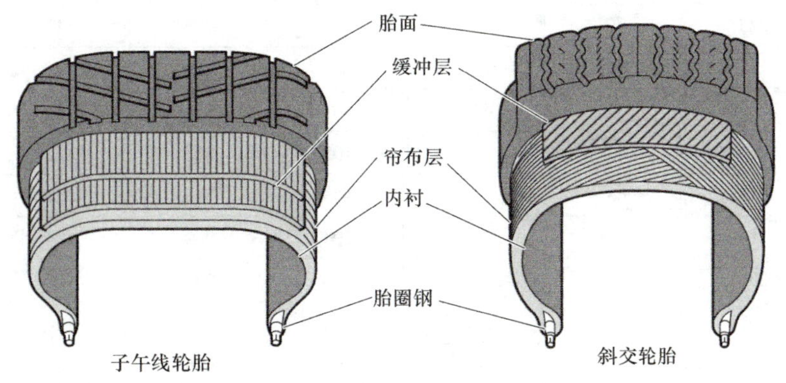

图1-34 子午线轮胎和斜交轮胎

（3）轮胎规格的表示方法 如图1-35所示，以某轿车轮胎的编码为例对其规格进行说明。

1）“195”表示轮胎断面宽度为195mm。

2）“/60”表示扁平率（也称为高宽比）为60%，扁平率为轮胎高度H与宽度B之比，有60、65、70、75、80五个级别。一般轮胎的扁平率在30%～80%，正常情况下，普通轿车不应使用扁平率大于75%的轮胎，豪华轿车和高性能跑车推荐采用扁平率小于60%的轮胎；越低的扁平率表示轮胎越扁平。更为扁平的轮胎胎壁较硬，运转时轮胎不易变形，具有更好的刚性；更为扁平的轮胎抓地性能也更好，能增加汽车行驶的稳定性。但是如果扁平率太低，则会减弱车身承受振动的能力，进而降低乘坐的舒适性。

3）“R”表示子午线轮胎。

4）“15”表示轮胎内径15为英寸（in）。

195 / 60 R 15 88 H

图1-35　某轿车轮胎编码

5）“88”表示荷重等级，即最大载荷质量。荷重等级为88的轮胎，其最大载荷质量为560kg。部分荷重等级及对应的最大载荷质量见表1-2。

表1-2　部分荷重等级及对应的最大载荷质量

荷重等级/LI[⊖]	最大载荷质量/kg	荷重等级/LI	最大载荷质量/kg	荷重等级/LI	最大载荷质量/kg	荷重等级/LI	最大载荷质量/kg
50	190	70	335	90	600	110	1060
51	195	71	345	91	615	111	1090
52	200	72	355	92	630	112	1120
53	206	73	365	93	650	113	1150
54	212	74	375	94	670	114	1180
55	218	75	387	95	690	115	1215
56	224	76	400	96	710	116	1250
57	230	77	412	97	730	117	1235
58	236	78	425	98	750	118	1320
59	243	79	437	99	775	119	1360
60	250	80	450	100	800	120	1400
61	251	81	462	101	825	121	1450
62	255	82	475	102	850	122	1500
63	272	83	487	103	875	123	1550
64	280	84	500	104	900	124	1600
65	290	85	515	105	925	125	1650
66	300	86	530	106	950	126	1700
67	307	87	545	107	975	127	1750
68	315	88	560	108	1000	128	1800
69	325	89	580	109	1030	129	1850
						130	1900

⊖ 荷重等级指数

6）“H”表示速度等级，表明轮胎能行驶的最高车速为210km/h。常见的速度等级及对应的最高车速见表1-3。

表1-3 常见速度等级及对应的最高车速

速度等级	最高车速/(km/h)	速度等级	最高车速/(km/h)
L	120	T	190
M	130	U	200
N	140	H	210
P	150	V	240
Q	160	W	270
R	170	Y	300
S	180	ZR	超过340

【活动实施】

车辆外在可见的内容非常多，有整体外形、风窗玻璃、刮水器、前格栅、前照灯、反光镜、车轮和尾灯等。在进行汽车外观介绍时，应根据实际销售的需要将其归纳到大致的区域内进行介绍，以便客户听取。

一、汽车车头方向外观介绍

1. 前脸（图1-36）

F：这辆SUV在外观上，采用了大众公司最新的家族设计理念。其车身比例看来更饱满。U字形的前脸造型、上下呼应的前格栅和下格栅都是这个品牌的精髓设计，在它身上表现得也着实出色。

A：细长双镀铬横幅装饰条与特殊钢琴漆边框的中网明显很有棱线感，镶入了镀铬的品牌标志，流露出鲜明的性能气息，更提升了整车档次。由前保险杠分隔的下格栅展现出层次分明的立体效果，更大的进气口设计提高了散热性能。

B：大众徽标与前格栅交织在一起，具有强烈的立体感和流动感。如此极致的设计展现您不俗的气质和高贵的身份，给众人以震撼，给您以满足。

图1-36 前脸

2. 刮水器

F：雨量感应式自动刮水器，采用无骨雨刮片，如图1-37所示。

图1-37 刮水器

A：通过雨量感应器探知雨量大小，可依

照雨势自动调节刮水器的工作；贴合风窗玻璃弧度的合理设计，使它的动作流畅到位，让您眼前的视野始终保持清晰；而其先进的品质，更是在有效降低工作噪声的同时延长了使用寿命。

B：减轻您的操作强度，让您在雨中的驾驶体验更加舒适和从容。

3. 前照灯（大灯）

F："泪眼"式的HID高强度氙气前照灯惹人喜爱，不但看起来时尚、动感，在设计上也可谓有所突破。

A：引人注目的靓丽前照灯，巧妙的透镜式设计十分有力量感，光感式开关设计更加智能化。可发出近似日光的柔和光线，能有效避免对迎面来车造成眩目干扰。与传统的卤素灯泡相比，HID的特点是亮度更高（相当于普通卤素灯的2倍）、穿透力更强，而发热量更少。因此其能量消耗更低、使用寿命更长。

B：方便您在黑暗中洞悉前方路况，极大地提升了您在夜间驾驶时的安全性，为您照亮回家的路，为您增添了一份安全感。

二、汽车车侧方向外观介绍

1. 车身设计

车身侧面如图1-38所示。

F：车身侧面流畅、自然，保持了德系车一贯的稳重、内敛，同时造就了出色的风阻值。轴距加长，达到了同级别中最强的2684mm，整体车身设计更显饱满匀称。

图1-38　车身侧面

A：自然俊朗的设计理念贯穿于SUV的每个角落，体现了强烈的运动感。极富强壮感和俯冲感的整体车身线条，利落帅气的车身流线型设计进一步提升了它的行驶性能。

B：科技给您带来的不仅仅是舒适和安全，还有更多的节能环保。整车优化的空气动力学设计，只为让您畅游风中。更加流畅的车身设计会大大提高燃油经济性，让您在不觉中成为绿色环保人士。车身多处加入的镀铬装饰，在增强视觉冲击的同时又给您以坚固、饱满的观感。

2. 后视镜

后视镜如图1-39所示。

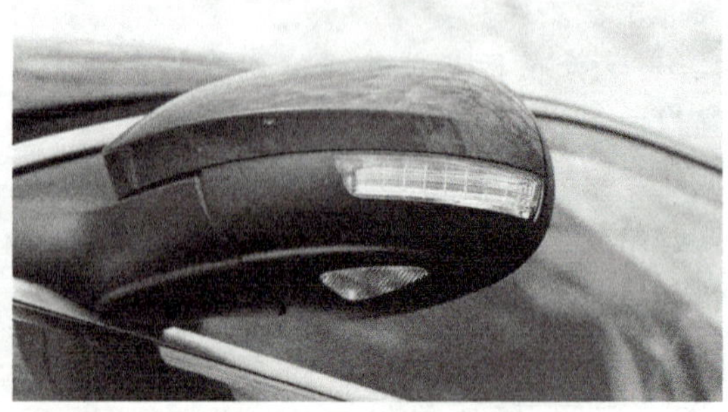

图1-39　后视镜

F：可以一键电动折叠的倾斜折叠加热式外后视镜（LED转向灯），与整车风格浑然一体。

A：导流式后视镜外壳采用鱼鳍式低风阻设计，极大地减小了其正面投影面积，有效降低了迎风阻力。车外后视镜也将转向信号灯、辅助迎宾灯、加热除霜等功能一并整合。

B：在您来到爱车身边时，迎宾灯就贴心亮起；当您在雨雪、多雾天气行驶时有助于确保您车后部的可见性；倾斜式的折叠设计更加体现了它的人性化设计，提升档次感。

3. 车轮（图1-40）

F：大尺寸的动感铝合金轮毂搭配精选轮胎格外醒目，保证了越野性能与公路性能的完美结合。

图1-40 车轮

A：全新设计的5辐式合金轮毂搭配235/55 R17 99H规格的轮胎，迸发出运动气息。旗舰版更是采用彰显锐意进取的10辐式轮毂，构筑出更富层次的优雅动感。配以低扁平率宽胎，赋予整车更张扬洒脱的感官效果。宽胎能有效提高侧向防滑性，增大轮胎的接地面积和抓地力，确保车辆高速行驶时的循迹能力，并能有效缩短制动距离，显著提高了车辆极限操控的稳定性。

B：由于行驶中的滚动阻力造成了额外消耗，轮胎油耗占到整车油耗的20%左右。精选的低滚动阻力轮胎，能够极大地降低油耗并使路面噪声更低，将极致的燃油经济性、行车安全性、驾乘舒适性、操控稳定性、静谧性与美观的外形融为一体，更贴合它SUV的身份。

三、汽车车尾方向外观介绍

汽车尾部如图1-41所示。

图1-41 汽车尾部

1. 尾灯

F：尾部造型与侧面同样给人经典、耐看的第一直觉，尾灯与前照灯相互辉映，表现出前后统一的风格。

A：流线型的尾灯灯罩曲面比后翼子板更向外扩，令光照幅度加宽。首尾呼应式的灯组散发出浓烈魅力的同时展现出绚丽的科技感。这类灯光类型光照强度高，穿透力强，辨识性好，反应速度快，节能环保且使寿命长，尤其是在雨雾天时，能更有效地预防追尾事故的发生。

B：尾灯设计配合完美的后部线条组成一道靓丽的光影，使您夜间行车时更容易被后方的驾驶员所识别，增加了您的行车安全。

2. 排气管

F：镀铬的双排气尾管颇具动力感。

A：排气尾管展现了一脉相传的性能血统，双排管的设计暗示着这台车拥有着强大的动力。

B：镀铬的双排气管与后部镀铬饰板和谐统一，更能彰显出车辆的现代气息和卓越性能。多项节能措施，使这台车的排放符合国家放标准，让您为保护身边的环境做出贡献。

练习题 2

某轿车，发动机排量为 1.4L，7 挡双离合变速器，市场价格约为 19 万元，其前后方外观如图 1-42 所示。试向客户介绍其外观，包括流线型的线条、车灯、进气格栅、车轮等。

提示：

向客户介绍车辆的外观时，需要结合车辆本身特点并针对不同类型的客户使用不同的描述语言，以迎合客户的审美品位，增加进一步推荐的机会。

图 1-42　某轿车前后方外观

活动 3　汽车内部空间介绍

【活动描述】

某 SUV，发动机排量为 1.8L，手自一体变速器，市场价格约为 25 万元。某客户来到销售展厅准备购买新车，在看车过程中特别注意车辆的空间、储物方便性等，销售人员应针对客户的这方面需求推介该轿车的内部空间，包括乘坐空间和储物空间等。

【知识准备】

一、汽车的轴距

轴距是通过车辆同一侧相邻两车轮的中点、并垂直于车辆纵向对称平面的二垂线之间的距离（图 1-43），简单地说就是汽车前轴中心到后轴中心的距离。

图 1-43 轴距示意图

轴距决定了汽车重心的位置，轴距的长短直接影响汽车的长度，进而影响车内部使用空间。如果选购车辆时比较注重车内空间，则必须以轴距为基础，轴距相同的情况下车身尺寸大，内部空间才有可能宽大；而在轴距相同的情况下，车身的长短、发动机舱的设计工艺、中控台的合理布局等都能够改变车内空间的大小；内饰的颜色搭配等也可以创造出车内的宽敞感。

从实际使用看，轴距的长短直接影响汽车的长度，进而影响汽车的内部使用空间。微型轿车的轴距一般都在 2200mm 以下，它的后座的腿部空间较小，如果是成人坐在后座上的话，通常是膝盖要顶在前面的座位后背上，腿根本伸不开，坐在车里给人一种压抑的感觉，无法将其作为公务车和出租车使用。相对于微型车的轴距短小，普通型轿车和中级轿车的轴距一般较长，因此后座空间相对大了一些，身材正常的成年人可以宽松地就座，所以这一级的轿车无论是做家庭用车，还是做出租车和公务车，都深受人们欢迎。

轴距的长短对轿车的舒适性和操纵稳定性的影响很大。一般而言，轿车级别越高，轴距越长。轴距越大，车厢长度越大，乘员乘坐的座位空间也越宽敞，抗俯仰和横摆性能越好，长轴距在提高直路巡航稳定性的同时，会使汽车的转向灵活性下降、转弯半径增大，汽车的机动性也越差。因此，在稳定性和灵活性之间必须做出取舍，找到合适的平衡点。当然在高档长轴距的轿车上，这样的缺点已经被其他高科技装置所弥补。

二、汽车的内部空间

汽车的内部空间可以按照三维坐标细分为三个方面：内部高度、横向空间和纵向空间。一般来说，轴距较长、级别较高的轿车，能在一定程度上确保它的内部空间。

1. 内部高度

汽车内部高度如图 1-44 所示，它决定了驾乘人员坐进车内时是否有压抑、顶头的感觉。对于一般的轿车而言，内部高度一般由轴距、车厢高度、顶部空间（车顶到坐垫的垂直距离）、座椅高度和座椅靠背倾斜度来决定。

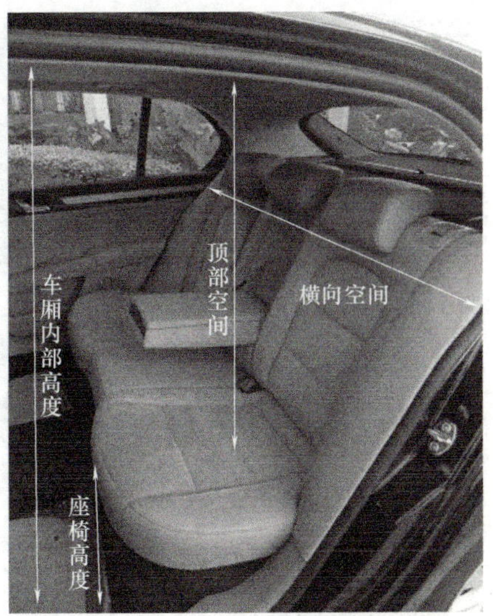

图 1-44 汽车内部高度与横向空间

2. 横向空间

横向空间如图1-44所示，反映了前座驾驶座顶部（不包括头枕）与副驾驶座顶部（不包括头枕）连线之最大距离，对于后座来说就是左后座顶部（不包括头枕）与右后座顶部（不包括头枕）连线之间的最大距离。横向空间的大小主要取决于车厢的内部宽度，与车门内壁的设计也存在一定关系，比如将扶手位置、门壁板做内凹设计，后排的横向空间能扩展不少，三人乘坐时不会肩碰肩。

3. 纵向空间

对于前排是指防火墙到驾驶座靠背的距离，对于后排是指前排驾驶座后部到后排乘客座靠背的距离。后排的纵向空间如图1-45所示。

影响纵向空间的基础要素是轴距的长短，它决定了轿车车厢可以利用的范围，轴距大的车纵向空间相对较大；后排座椅越靠近后车轮轴，纵向空间就更宽裕；后排座椅的靠背倾斜度、前排座椅靠背造型等也会影响到纵向空间：靠背比较平直的座椅，人坐上去双腿会自然向后收缩，会使人主观上觉得膝部空间比较大。

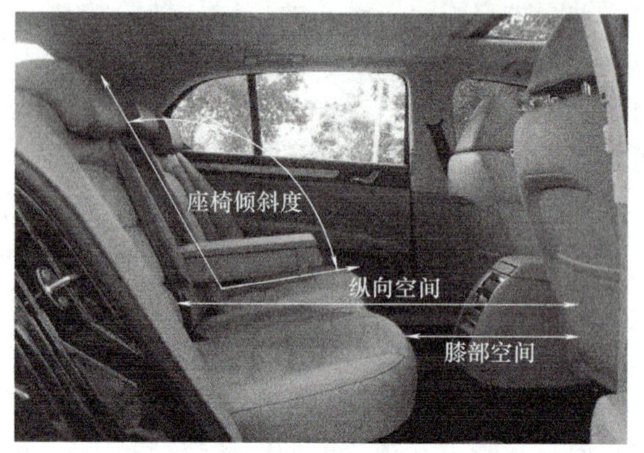

图1-45　车辆的纵向空间

三、汽车内部的储物空间

1. 方向盘两侧的储物空间

方向盘两侧的储物空间对驾驶员很重要，因为这些储物空间都是驾驶员日常行车时需要使用的，手机、票据、零钱等都应该在手可触及的地方随手取放。一般在方向盘左侧有左手储物盒（图1-46），在方向盘右侧的中控面板处也设有储物盒（图1-47）。

图1-46　左手储物盒

图1-47　中控面板的储物盒

2. 前后门板与前后杯座的储物空间

门板储物槽与杯座是衡量车内储物能力和人性化设计的重要标准。前后门板应当具有可以放置水杯、杂志、地图、抹布等物件的储物槽，如图1-48所示。

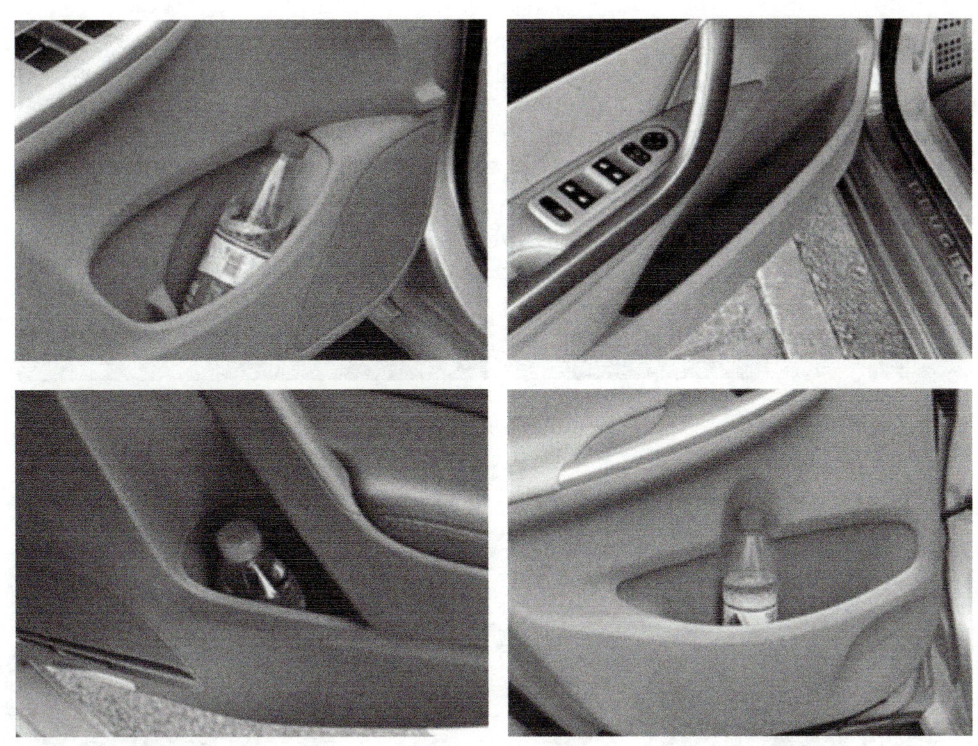

图 1-48　前后门板储物槽

前、后排杯座可以用来放置水杯、饮料、口香糖罐等物品。前排杯座主要分布在前门板和手刹旁边，如图 1-49 所示。

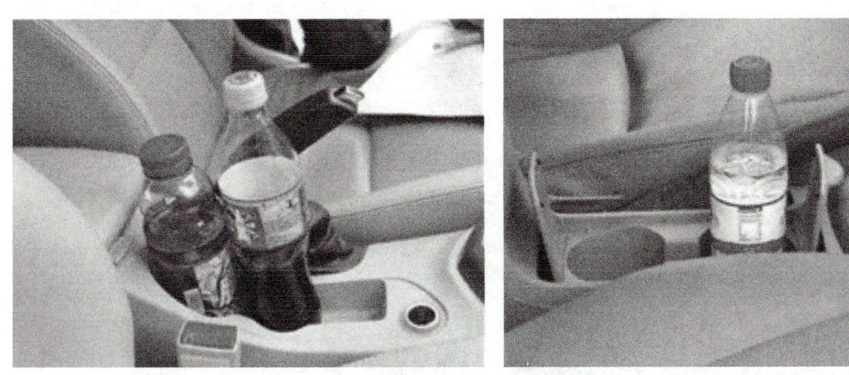

图 1-49　前排杯座

后排杯座设置在前扶手箱的后部，一般为伸缩支架式，也有的汽车在后排座椅中间的可收放扶手处设置了杯座，如图 1-50 所示。

3. 前扶手箱和杂物箱

当有比较大的物品需要放在车内时，主要依靠中央扶手箱（图 1-51）和杂物箱（图 1-52）来收纳。有的杂物箱设有灯光照明功能。

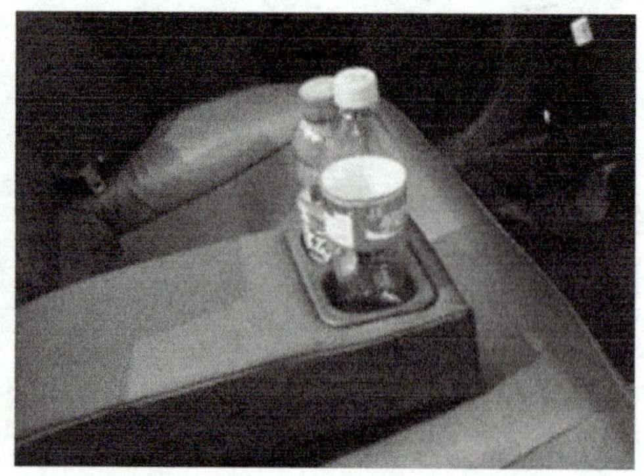

图 1-50　后排杯座

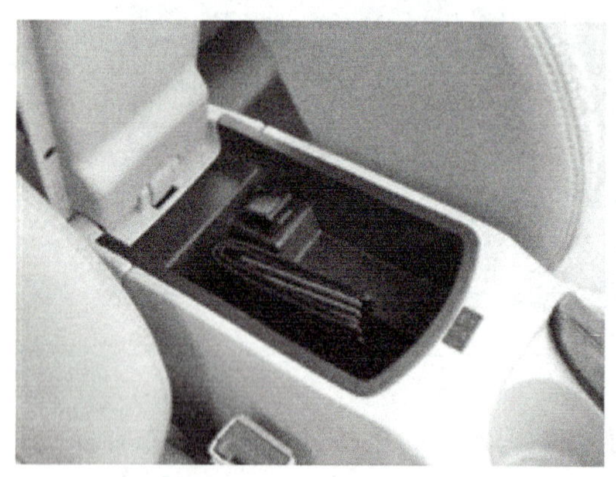

图 1-51　中央扶手箱

图 1-52　杂物箱

4. 其他储物小空间

有些汽车在主副驾驶座椅的侧部、中控台出风口附近、前排中央扶手后部、后排中央扶手处等位置都设计了储物空间，如图 1-53 所示，更为人性化的设计满足了更多样的储物需求。

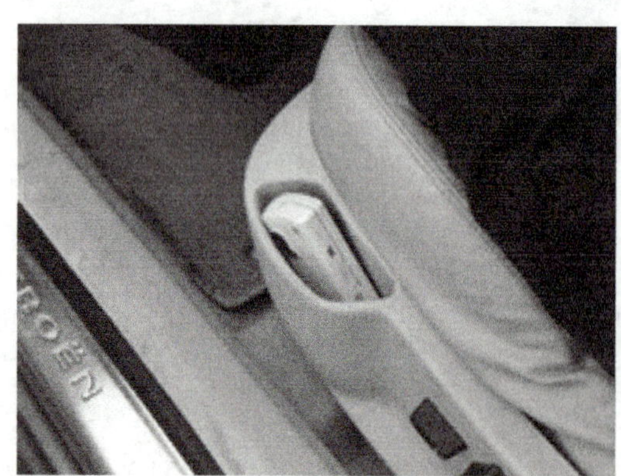

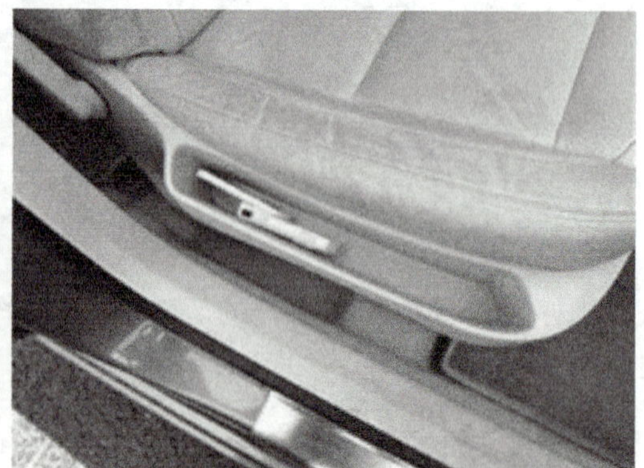

图 1-53　其他储物小空间

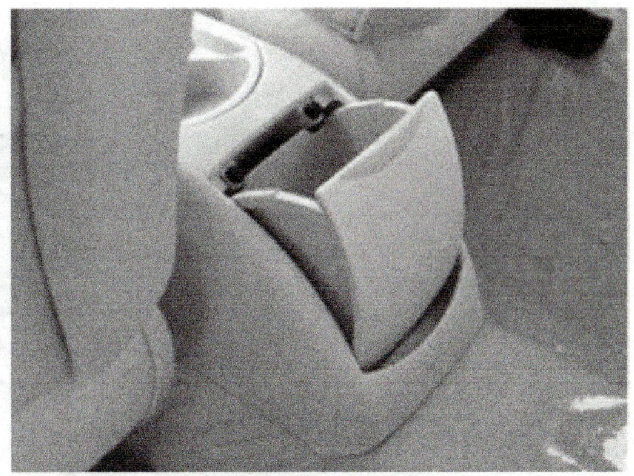

图 1-53　其他储物小空间（续）

5. 行李箱

行李箱容积一般分为单一或者动态容积。单一容积就是一般轿车常用的数据规范。是指的不放倒后座情况下的行李箱容量；动态容积是一些敞篷车型，在车顶棚开启和关闭状态下的行李箱容积是不同的，所以厂商提供两组数据。

生产厂家公布的行李箱容积数据反映了行李箱的容量，但在日常使用中装小件行李的时候，真正能把行李箱装满的机会很少，而容纳大件行李的体积可以体现出行李箱的真正装载能力。因此，一般可以忽略行李箱左右两侧不规整的储物空间，将后备厢中间方形部分的体积作为衡量行李箱储物能力主要要素，如图 1-54 所示。

有些汽车的后排座椅具有比例放倒功能，是指后排座椅的靠背可以按比例放倒，相比后排座椅整体放倒，按比例放倒的灵活性更高，可以全部放倒，也可以只放倒一部分的靠背来放置大件物品。当将座椅放倒时无法坐人，而未放倒的部分仍然可以坐人，如图 1-55 所示。常见的后排座椅放倒比例有：1/3、2/3、1/2 比例放倒。1/3、2/3 比例放倒一般出现在有三个座位的后排，可以放倒一边的两个座位，也可以放倒另一边的一个座位。1/2 比例放倒一般出现在有两个座位的后排，可以放倒两个座位中的一个。

图 1-54　行李箱容纳大件行李的方形体积

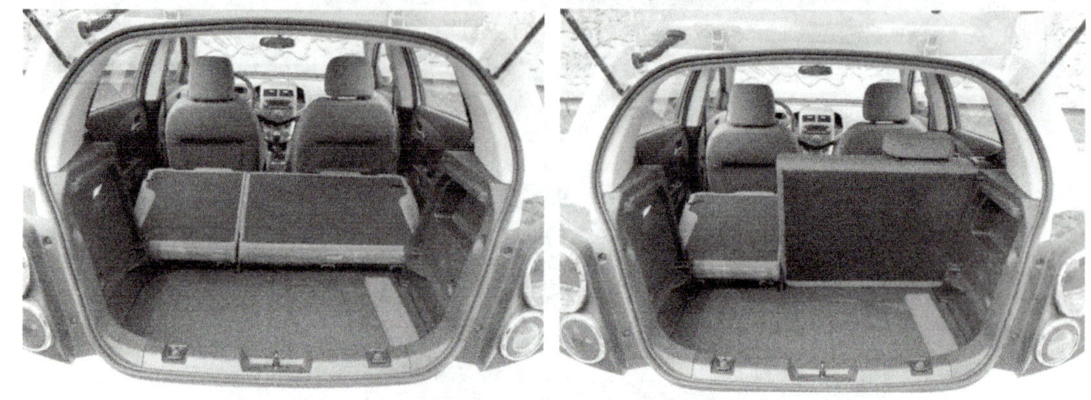

图 1-55　具有比例放倒功能的后排座椅

【活动实施】

一、汽车乘坐空间介绍

F：这台 SUV 的轴距达到了同级别中最强，加上 SUV 血统的车高，对于它宽敞的车内空间以及后排乘客充裕的腿部空间起到了决定性的作用。

A：如图 1-56 所示，它的车长 4525mm，而 2684mm 的超长轴距为前后排的乘客提供了宽敞舒适的空间。前排腿部空间最大 930mm、后排腿部空间最大达到 1030mm；前排座椅到头顶的空间可达 990mm、后排座椅到头顶的空间为 900mm。同时后排座椅的靠背拥有 5 段式调节，并且座椅可以前后移动，这些为后排乘客提供了尽可能的乘坐舒适性。甚至放倒后排后，还可以完全拼凑成一张平整的大床。

图 1-56　SUV 车身尺寸

B：使您充分享受它的驾乘空间，一米八的个子坐进驾驶座都毫无压抑感；如果坐在后排，留给腿部和膝部的空间非常舒适和自由。前后排的车内空间如图 1-57 所示。

图 1-57 前后排的车内空间

二、汽车储物空间介绍

1. 乘客车厢内储物空间

F：很多客户喜欢我们这台车，有一个重要原因是它有丰富多变的储物空间。

A：它配备了丰富、多样的车内收纳空间。

● 拥有超大容量的扶手箱，可以容纳 CD、笔记本、水杯等，如图 1-58 所示。

图 1-58 扶手箱

● 前排头顶的眼镜盒（如图 1-59 所示）可以让您常备一副太阳镜，设计贴心。

● 如图 1-60 所示，车门板内侧均设置了水瓶放置槽，储物空间灵活度很高，还可以放置更多平时用车时所需的诸如清洁布、实用工具和雨伞等物品。

● 如图 1-61 所示，中控台设有水杯架，带有固定装置及推拉帘式盖板，使用方便又美观；后排中央扶手也有水杯架，增加了便利性。

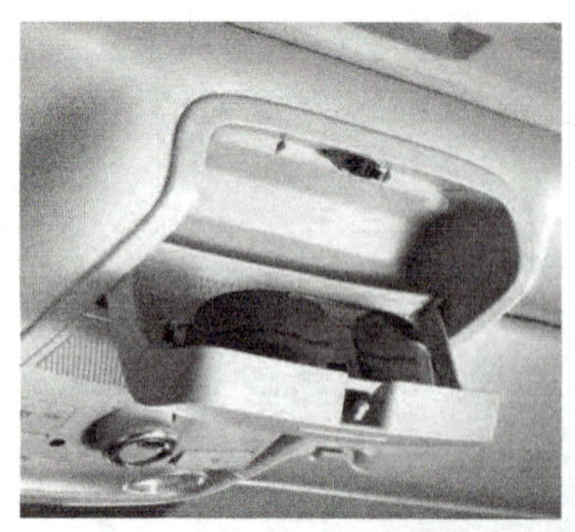

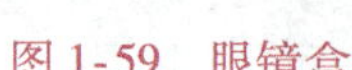
图 1-59　眼镜盒

图 1-60　车门板内侧

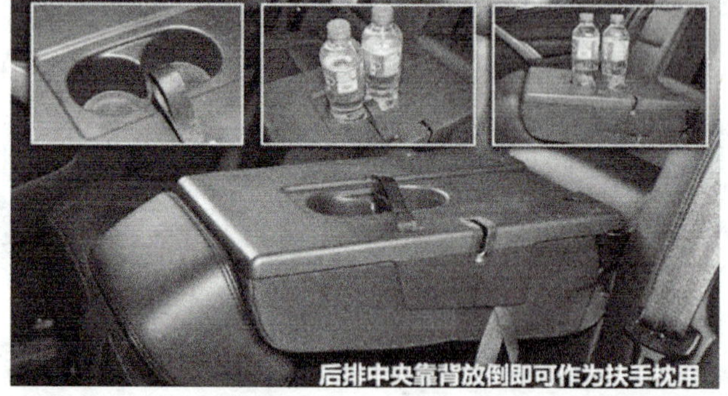

图 1-61　中控台与后排中央扶手的水杯架

- 方向盘左侧的储物盒开口很大，便于取放票据等，如图 1-62 所示。

图 1-62　左侧储物盒

● 中控台上方设有敞开式储物箱，有耐磨的材料垫底，可以放心放置手机；在面板附近设置了多个卡片插槽，随时可以放置停车卡、高速收费卡等小卡片；空调面板下方的小暗箱比较隐蔽，适合放置钱包等物品，如图 1-63 所示。

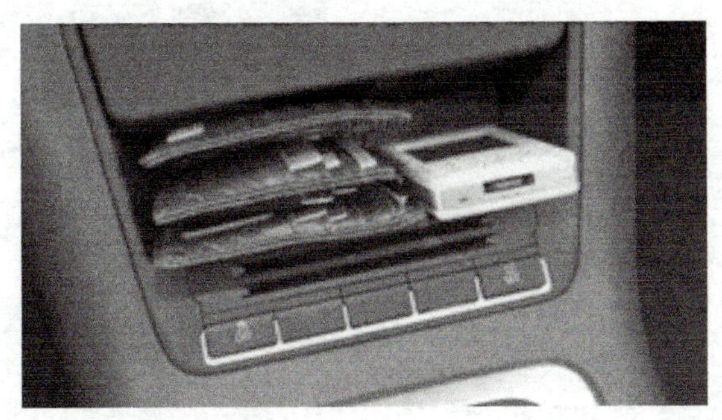

图 1-63　中控台上方储物箱

● 杂物箱设计规整，如图 1-64 所示。开口幅度和深度都令人满意，还配备了一个空调出风口，夏天可以放置几瓶小饮料冰镇享用。

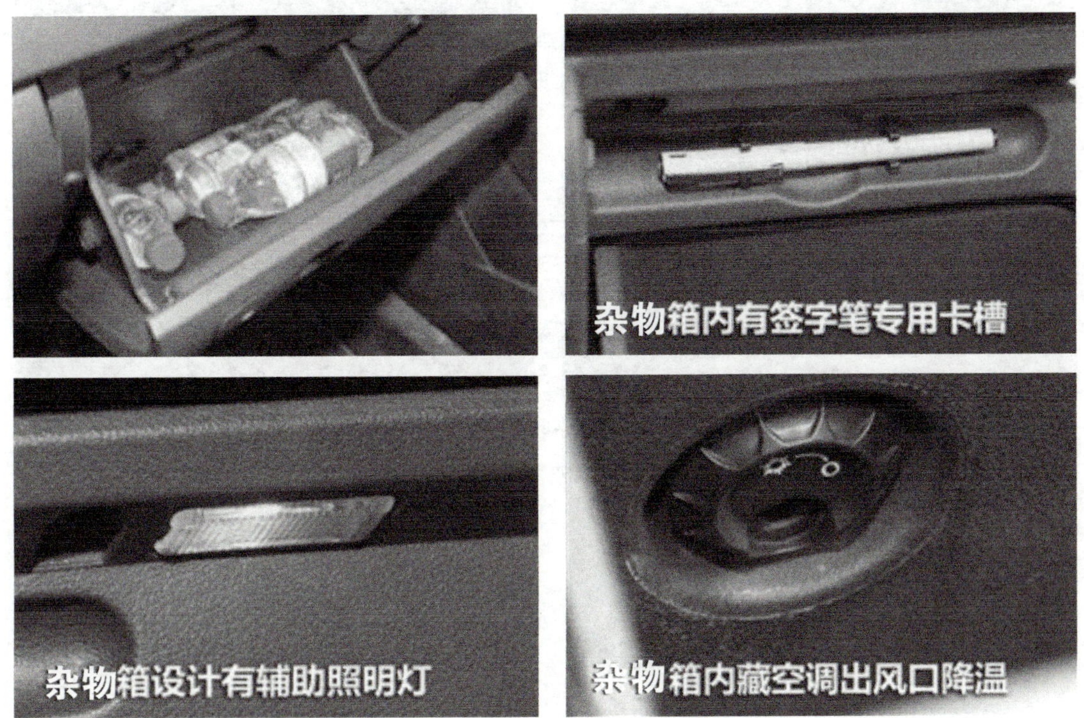

图 1-64　杂物箱

B：储物空间丰富周到，可以轻松放置各类物品，为您提供无微不至的关怀。长途出游，在车内就不必为放置各类小物品而发愁了。

2. 行李箱空间

F：这台车在不同座椅组合、放倒的情况下，行李箱容积从标准的 400L 到最大的 1530L 之间可以轻松实现，如图 1-65 所示。

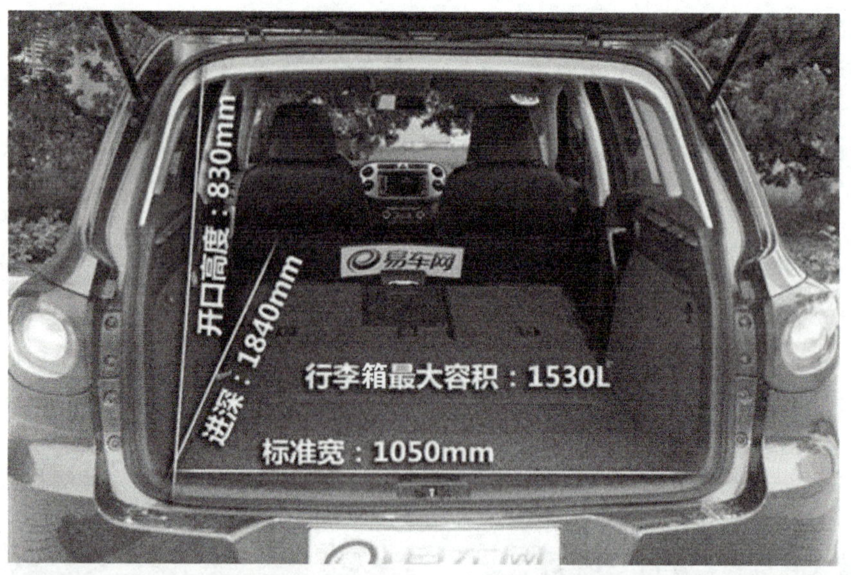

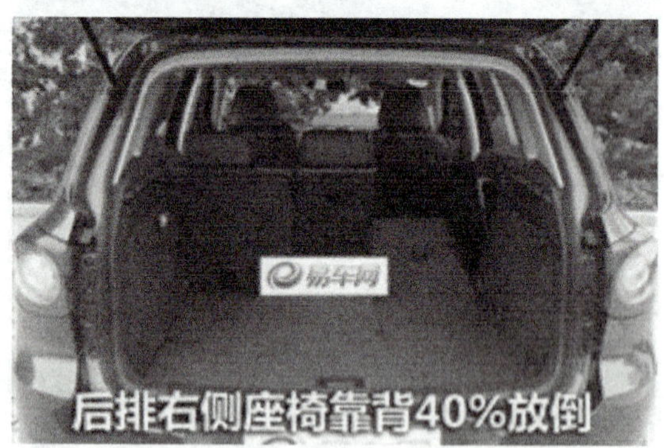

图 1-65　行李箱

A：行李箱容积凸显了 SUV 的优势，可轻松满足日常出行或商务活动对装载能力的需求。如图 1-66 所示，行李箱照明灯的设置，让物品的取放更为方便；12V 的辅助电源让您在外活动时更加方便；更为难能可贵的是，后排座椅完全放倒后，能形成一块 1840mm × 1050mm 的规则平板，完全可以满足作为野外露宿时的双人床之用。

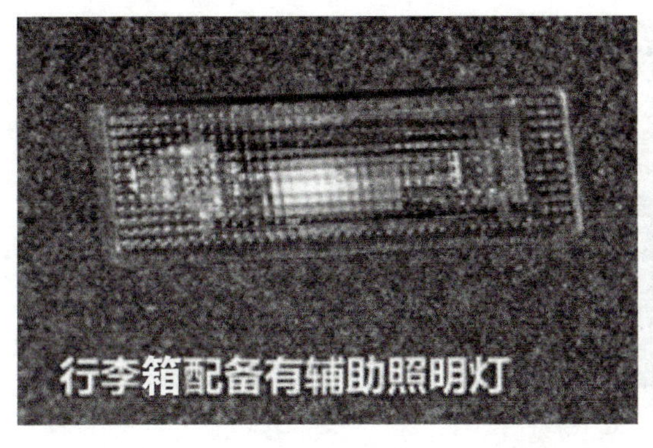

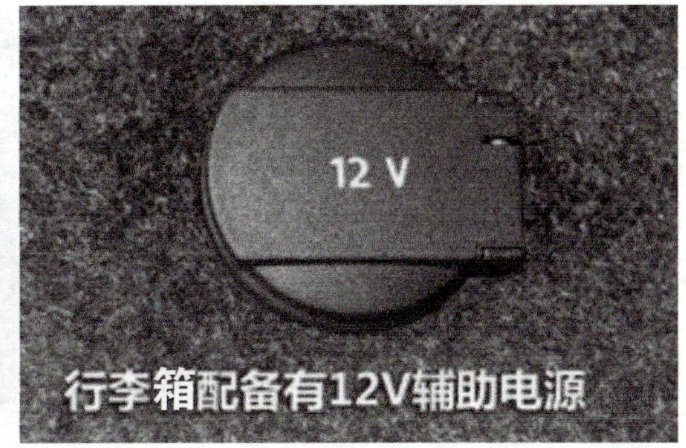

图 1-66　行李箱照明灯与电源

B：每一个实用性的细节，都在这台车上被精心设计，给您无微不至的呵护。用精巧的设计创造出多变的灵动空间，令驾乘生活更为方便。无论是商务、购物还是郊游，您都可以从容应对。

练习题 3

某 MPV 发动机排量为 2.4L，6 挡手自一体变速器，市场价格约为 22 万元，其整车空间如图 1-67 所示，车内部分储物空间如图 1-68 所示。试向客户介绍其车辆内部空间，包括前后排乘坐空间、储物空间等。

图 1-67　某 MPV 的整车空间

图 1-68　某 MPV 的车内部分储物空间

提示：

MPV 被称之为“公务舱”，客户群体主要有从事商务活动的公司或个人、大家庭等。他们一般都比较喜欢宽敞充足的车辆内部空间，某些贴心的巧妙设计也会打动他们。

图 1-68　某 MPV 的车内部分储物空间（续）

项目二　汽车动力性能与经济性能推介

【学习目标】

1. 知道汽车发动机性能及其特点。
2. 掌握汽车整车动力相关功能的作用和基本原理。
3. 能够向客户推介汽车动力性能与经济性能的配备。

活动4　汽车发动机性能介绍

【活动描述】

某中高级轿车，发动机排量有2.0L和2.4L两种，手自一体变速器，市场价格约为25万元。在销售展厅内，某来店客户表现出对该轿车的发动机动力性能非常关注。作为销售顾问，要向客户推荐介绍该轿车的相关发动机性能配备。在本活动中，向客户介绍该轿车的发动机性能及其特点。

【知识准备】

一、汽车发动机性能主要指标介绍

汽车发动机性能主要的指标有最大功率、最大转矩、最低燃料消耗量、升功率和比重量。

1. 最大功率

发动机工作时输出的功率与发动机转速有关。当发动机转速达到某一值时，输出功率为最大，成为发动机最大功率。同时，发动机最大功率时对应的转速，基本上就是发动机的最高转速。轿车或者客车发动机最大功率时的转速要高于载货汽车，以便适应其高速行驶的需要。最大功率的单位为kW。

2. 最大转矩

发动机工作时，输出转矩也是随转速变化而变化的。当达到某一转速时，输出转矩最大，称之为最大转矩，单位为 N·m（也有 kg·m，二者的换算公式是：1kg·m=9.8N·m）。最大转矩时对应的发动机转速低一些，对汽车（尤其是载货汽车）正常行驶是非常有利的。当汽车行驶阻力增大（例如爬坡）时，会使车速降低，导致发动机转速也随之降低。发动机转速降低会使发动机输出转矩增大，以克服增大的行驶阻力，防止汽车车速进一步降低。

3. 最低燃料消耗量

发动机每千瓦功率每小时消耗的燃料量称为燃料消耗率。燃料消耗率也和转速有关。当达到某一转速时，燃料消耗率为最低，称之为最低燃料消耗率，单位为 g/(kW·h)。一般要求发动机在一个宽广的转速范围内都具有较低的燃料消耗率，最低燃料消耗率对应的转速应位于常用转速范围。

4. 升功率

发动机每升工作容积发出的功率称之为升功率。可用来衡量发动机的强化程度。一般多用提高发动机转速的方法来提高升功率。因此升功率大的发动机转速高，体积小。

5. 比重量

发动机净重与发动机最大功率之比。衡量发动机重量利用程度。

二、常见汽车发动机节能技术与基本原理

1. 发动机增压技术

（1）机械增压技术　装用在汽车上的增压器，起初都是机械增压，在刚发明时被称超级增压器（Supercharge），后来涡轮增压发明之后为了区别两者，起初涡轮增压器被称为 Turbo Supercharger，机械增压则被称为 Mechanical Supercharger。久而久之，两者就分别被简化为 Turbocharger 与 Supercharger 了。

机械增压器压缩机的驱动力来自发动机曲轴。一般都是利用皮带连接曲轴皮带轮，以曲轴运转的扭力带动增压器，达到增压目的(图 2-1)。根据构造不同，机械增压曾经出现过许多种类型，包括：叶片式（Vane）、鲁兹（Roots）、温克尔（Wankle）等形式。不过，现在较为常见的为前两种。

图 2-1　1.6L 机械增压发动机

鲁兹增压器有双叶和三叶转子两种形式，目前以双叶转子较普遍，其构造是在椭圆形的壳体中装两个茧形的转子，转子之间保有极小的间隙而不直接接触。两转子借由螺旋齿轮连动，其中一个转子的转轴与驱动的皮带轮连接，转子转轴的皮带轮上装有电磁离合器，在不需要增压时即放开离合器以停止增压。

离合器的开合则由计算机控制以达到省油的目的。

而叶片式（也称为涡流式）的本体就是属于叶片式本体的一种。其运作方式主要是利用三个可根据不同离心力而改变转速的行星齿轮组带动进气叶片。透过齿轮组与叶片轴心的相互摩擦，提高轴心转速并进一步提高进气叶片的速度，以获得持续不断的增压反应。换句话说，就是发动机转速愈高，进气叶片的转速也能跟着提高。

（2）涡轮增压技术　涡轮增压发动机是依靠涡轮增压器来加大发动机进气量的一种发动机，涡轮增压器（Turbo）实际上就是一个空气压缩机。它是利用发动机排出的废气作为动力来推动涡轮室内的涡轮（位于排气道内），涡轮又带动同轴的叶轮位于进气道内，叶轮就压缩由空气滤清器管道送来的新鲜空气，再送入气缸。当发动机转速加快，废气排出速度与涡轮转速也同步加快，空气压缩程度就得以加大，发动机的进气量就相应地得到增加，就可以增加发动机的输出功率了（如图2-2所示）。

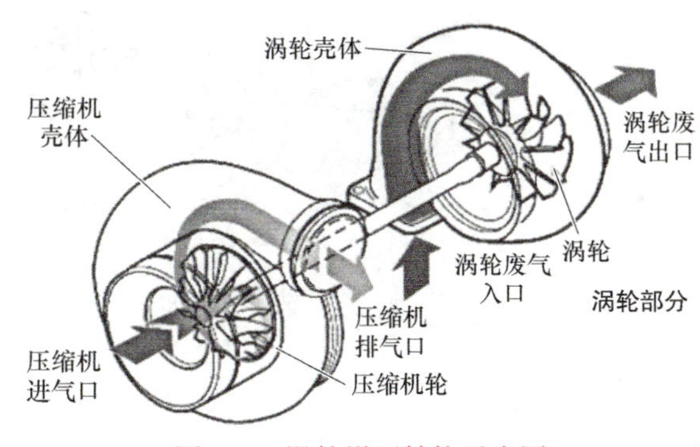

图2-2　涡轮增压结构示意图

涡轮增压发动机的最大优点是它可在不增加发动机排量的基础上，大幅度提高发动机的功率和转矩。一台发动机装上涡轮增压器后，其输出的最大功率与未装增压器相比，可增加大约40%甚至更多。

2. 可变气门正时系统VVT-i

VVT-i发动机（图2-3）的ECU在各种行驶工况下自动搜寻一个对应发动机转速、进气量、节气门位置和冷却液温度的最佳气门正时，并控制凸轮轴正时液压控制阀，并通过各个传感器的信号来感知实际气门正时，然后再执行反馈控制，补偿系统误差，达到最佳气门正时的位置，从而能有效地提高汽车的功率与性能，尽量减少耗油量和废气排放。

发动机可变气门正时技术（VVT，Variable Valve Timing）是近些年来被逐渐应用于现代轿车上的新技术中的一种，发动机采用可变气门正时技术可以提高进气充量，使充量系数增加，发动机的转矩和功率可以得到进一步的提高。

可变气门升程系统（i-VTEC）（示意图如图2-4所示）的结构和工作原理并不复杂，工程师利用第三根摇臂和第三个凸轮即实现了看似复杂的气门升程变化。

发动机达到某一个设定的转速时，ECU即会指令电磁阀启动液压系统，推动摇臂内的小活塞，使三根摇臂锁成一体，一起由高角度凸轮驱动，这时气门的升程和开启时间都相应的增大了，使得单位时间内的进气量更大，发动机动力也更强。这种在一定转速后突然的动力爆发极大地提升了驾驶乐趣。当发动机转速降到某一转速时，摇臂内的液

图2-3　VVT-i发动机外观

压也随之降低，活塞在回位弹簧的作用下退回原位，三根摇臂分开。

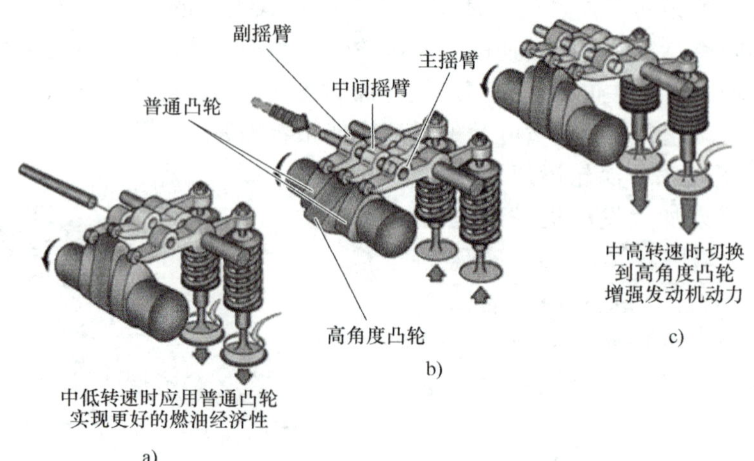

图 2-4 i-VTEC 示意图

a）三根摇臂分开 b）活塞被推入三根摇臂 c）三根摇臂被锁成一体

3. 缸内直喷

缸内直喷又称 FSI（Fuel Stratified Injection），即燃料分层喷射技术，代表着传统汽油发动机的一个发展方向。传统的汽油发动机是通过电脑采集凸轮位置以及发动机各相关工况从而控制喷油器将汽油喷入进气歧管。但由于喷油器离燃烧室有一定的距离，汽油同空气的混合情况受进气气流和气门开关的影响较大，并且微小的油颗粒会吸附在管道壁上，所以希望喷油器能够直接将燃油喷入气缸。近年来，各汽车厂商采用的发动机科技中，最炙手可热的技术非缸内直喷莫属。这套由柴油发动机衍生而来的科技目前已经大量使用在包含大众（含奥迪）、宝马、梅赛德斯-奔驰、通用以及丰田车系上。缸内直喷技术如图 2-5 所示。

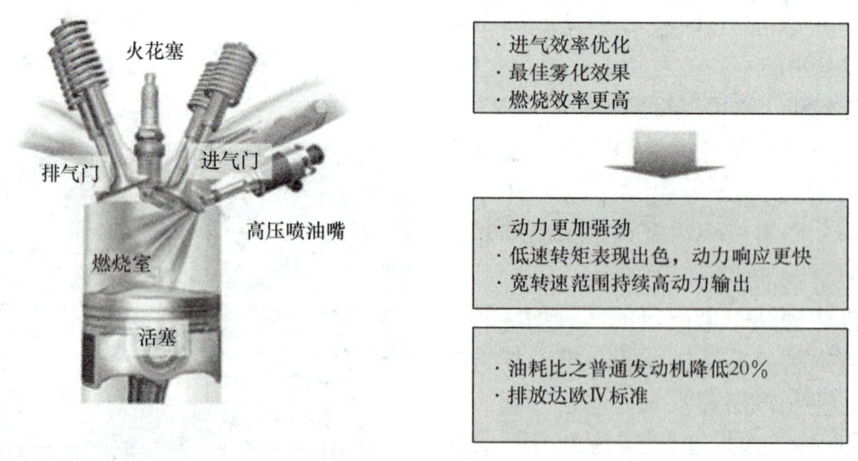

图 2-5 缸内直喷技术

这一技术是用来改善传统汽油发动机供油方式不足而研制的缸内直接喷射技术，先进的直喷式汽油发动机采用类似于柴油发动机的供油技术，通过一个活塞泵提供所需的

100×10^5Pa以上的压力，将汽油提供给位于气缸内的电磁喷射器。然后通过电脑控制喷射器将燃料在最恰当的时间直接注入燃烧室，其控制的精确度接近毫秒，其关键是考虑喷射器的安装，必须在气缸上部留给其一定的空间。由于气缸顶部已经布置了火花塞和多个气门，已经相当紧凑，所以将其布置在靠近进气门侧。由于喷射器的加入导致了对设计和制造的要求都相当的高，如果布置不合理、制造精度达不到要求导致刚度不足甚至漏气只能得不偿失。

此外，FSI 技术采用了两种不同的注油模式，即分层注油和均匀注油模式。发动机低速或中速运转时采用分层注油模式。此时节气门为半开状态，空气由进气管进入气缸撞在活塞顶部，由于活塞顶部制作成特殊的形状从而在火花塞附近形成期望中的涡流。当压缩过程接近尾声时，少量的燃油由喷射器喷出，形成可燃气体。这种分层注油方式可充分提高发动机的燃油经济性，因为在转速较低、负荷较小时除了火花塞周围需要形成浓度较高的油气混合物外，燃烧室的其他地方只需空气含量较高的混合气即可，而 FSI 使其与理想状态非常接近。当节气门完全开启，发动机高速运转时，大量空气高速进入气缸形成较强涡流并与汽油均匀混合。从而促进燃油充分燃烧，提高发动机的动力输出。ECU 不断地根据发动机的工作状况改变注油模式，始终保持最适宜的供油方式。燃油的充分利用不仅提高了燃油的利用效率和发动机的输出，而且改善了排放。

4. 发动机起停技术

发动机起停技术是车辆在行驶过程中临时停车（例如等红灯），发动机自动熄火，当需要继续前进的时候，发动机重新起动的技术。

起停系统的工作原理是，当车辆因为拥堵或者路口停止行进，驾驶员踩下制动踏板，停车摘挡。这时候，Start/Stop 系统自动检测：发动机空转且没有挂挡；防锁定系统的车轮转速传感器显示为零；电子电池传感器显示有足够的能量进行下一次起动。满足这三个条件后，发动机自动停止转动。而当信号灯变绿后，驾驶员踩下离合器，随即就可以启动“起动停止器”，并快速地起动发动机。驾驶员挂挡，踩加速踏板，车辆快速起动。在高效的蓄电池技术和相应的发动机管理程序的支持下，起停系统在较低的温度下也能正常工作，只需短暂的预热过程便可激活。发动机起停技术如图 2-6 所示。

图 2-6 发动机起停技术

【活动实施】

一、2.0L 发动机介绍

某中高级轿车 2.0L 发动机的外观如图 2-7 所示。

F：这款车辆配备的是带 D-VVT 装置的 2.0L 发动机。

A：我们这款配置缸盖和缸体采用铝合金材质，并采用先进的半永久模铸造工艺，既坚固耐用，又大大减轻了重量。同时，该款发动机还集成了如 D-VVT 进排气门双连续可变正时、纳米油冷喷注活塞、对旋双平衡轴、笔式点火线圈等等众多技术，显现出高科技的非凡魅力。最大功率 108kW（6200r/min），峰值转矩 190N·m（4600r/min），输出调校注重低转速大扭力，对加速踏板响应灵敏。

图 2-7　某中高级轿车 2.0L 发动机的外观

B：这样的发动机技术能保证极高的环保性能。为您尽可能地降低使用成本。

二、排量为 2.4LSIDI 发动机

某中高级轿车 2.4L 缸内直喷发动机的外观如图 2-8 所示。

F：采用全新一代燃油缸内直喷技术的 2.4L 缸内直喷发动机作为科技先进的主流技术。

A：精确控制空燃比，大大提高燃烧效率，将优异的动力性能、领先同级的油耗表现和低尾气排放兼于一身。最大功率为 137kW（6200r/min）、峰值转矩为 240N·m（4800r/min）。

B：保证了极高的环保性能。为您尽可能地降低使用成本。

图 2-8　某中高级轿车 2.4L 缸内直喷发动机的外观

三、2.0TSIDI 发动机

某中高级轿车 2.0TSIDI 发动机的外观如图 2-9 所示。

F：集世界尖端的涡轮增压和燃油缸内直喷技术于一身的 ECOTEC 2.0T SIDI 智能直喷涡轮增压发动机。

A：它能在发动机转速到 1400r/min 时扭力已源源不断地喷薄而出，在 2000～4000r/min，350N·m 的峰值转矩更是形成了一个宽阔的平台。同时，经由发动机管理模块控制，高压燃油泵和可变压力喷射系统可精确调节喷油时间和喷油量，而涡轮增压器为燃烧提供了充足的新鲜空气，实现了燃烧效率的最大化。该款发动机可输出最大功率 162kW（5300r/min），升功率更是达到 81kW/L。

图 2-9 某中高级轿车 2.0TSIDI 发动机的外观

B：给您带来高科技以及强劲动力的同时，又为您尽可能地降低使用成本。

练习题 4

某轿车，排量为 1.6L，7 档手自一体，市场价格约为 28 万元，其发动机舱如图 2-10 所示。试向客户介绍其发动机性能，该发动机包括了机械增压系统，蓝效动能科技（BlueEFFICIENCY）技术。

提示：

关注此类功能的客户以男性客户居多，主要是对发动机动力的关注，选择的车型偏向于发动机带有增压技术的轿车。

图 2-10 某轿车的发动机舱

活动 5 汽车变速器以及相关功能介绍

【活动描述】

某中高级轿车，发动机排量有 2.0L 和 2.4L 两种，手自一体变速器，市场价格约为 25 万元。在销售展厅内，某来店客户表现出对该轿车的变速器以及相关功能配备非常关注。作为销售顾问，要向客户推荐介绍该轿车的变速器以及相关功能配备。在本活动中，向客户介绍该轿车的变速器以及相关功能配备的使用注意事项等。

【知识准备】

一、常见变速器的构成与基本原理

1. 手动变速器

手动变速器（Manual Transmission，简称 MT）又称为机械式变速器，即必须用手拨动变速杆才能改变变速器内的齿轮啮合位置，改变传动比，从而达到变速的目的。轿车手动变速器大多为 4 挡或 5 挡有级式齿轮传动变速器，并且通常带同步器，换挡方便，噪声小。手动变速在操纵时必须踩下离合，方可拨动变速杆。手动变速器如图 2-11 所示。

图 2-11　手动变速器

2. 自动变速器

（1）自动变速器（AT）　自动变速器是由液力变矩器、行星齿轮和液压操纵系统组成，通过液力传递和齿轮组合的方式来达到变速变矩。其中，液力变矩器是自动变速器最重要的部件，它由泵轮、涡轮和导轮等构件组成，兼具传递转矩和离合的作用。

一般来说，自动变速器的挡位分为 P 位、R 位、N 位、D 位、2 位、1 位或 L 位等，如图 2-12 所示。

P（Parking）位：用作停车之用，它是利用机械装置去锁紧汽车的转动部分，使汽车不能移动。当汽车需要在某一固定位置上停留较长时间，或在停稳之后离开驾驶室前，应该拉好驻车制动并将变速杆推入 P 位。要注意的是：车辆一定要在完全停止时才可使用 P 位，要不然自动变速器机械部分会受到损坏。另外，自动变速器上装有空挡起动开关，使得汽车只能在 P 位或 N 位才

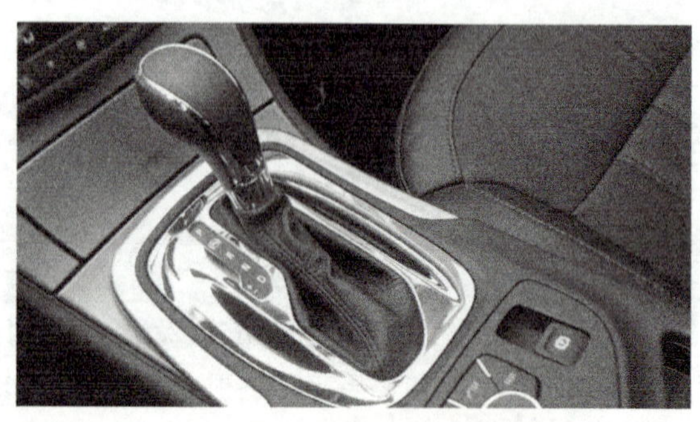

图 2-12　自动变速器挡位

能起动发动机，以避免在其他挡位上误起动时使汽车突然向前窜。因此，起动发动机前一定要确认变速杆是否在P位或N位。

R（Reverse）位：即倒挡，在车辆倒后时用。通常要按下变速杆上的保险按钮，才可将变速杆移至R位。要注意的是：当车辆尚未完全停定时，绝对不可以强行转至R位，否则变速器会受到严重损坏。

N（Neutral）位：即空挡。将变速杆置于N位上，发动机与变速器之间的动力已经切断分离。如短暂停留可将变速杆置于此挡位并松开驻车制动杆，右脚可移离制动踏板稍作休息。

D（Drive）位：即前进挡，用于在一般道路上行驶。由于各国车型有不同的设计，所以D位一般包括从1挡至高速挡或者2挡至高速挡，并会因车速及负荷的变化而自动换挡。将变速杆放置在D位上，驾驶员控制车速快慢只要控制好加速踏板就可以了。

2（Second Gear）位：2位为前进挡，但变速器只能在1挡、2挡之间变换，不会跳到3挡和4挡。将变速杆放置在2位，汽车会由1挡起步，当速度增加时会自动转入1挡。2挡可以用作上、下斜坡之用，此挡位的好处是当上斜坡或下斜坡时，车辆会稳定地保持在1挡或2挡，不会因上斜坡的负荷或车速的不平衡而令变速器不停地转挡。在落斜坡时，利用发动机低转速的阻力作制动，也不会令车子越行越快。

1（First Gear）位：1位也是前进挡，但变速器只能在1挡内工作。不能变换到其他挡位。它用在严重交通堵塞的情况和斜度较大的斜坡上最能发挥功用。上斜坡或下斜坡时，可充分利用汽车发动机的扭力。

（2）半自动变速器（AMT）　半自动变速器相当于在手动变速器上安装一套驾驶员模拟换挡机构，主要优点是成本低、传动效率高（与手动变速器一样）；缺点是换挡平顺性一般，换句话说智能程度不够高。

（3）无级变速器（CVT）　无级变速器顾名思义就是挡位数不胜数，最大优点当然是极其平顺的加速，完全没有换挡顿挫这一概念，舒适性表现出众，缺点是可承受转矩有限，如果发动机动力太强变速器容易打滑过热，CVT虽然传动效率不及手动变速器，但因为能使发动机最大限度地工作在最高转速，因而节油能力也较强。无级变速器如图2-13所示。

图2-13　无级变速器

CVT（Continuously Variable Transmission）技术即无级变速技术，它采用传动带和工作直径可变的主、从动轮相配合来传递动力，可以实现传动比的连续改变，从而得到传动系统与发动机工况的最佳匹配。常见的无级变速器有液力机械式无级变速器和金属带式无级变速器（VDT-CVT）。

CVT有V形橡胶带式、金属带式、多盘式、钢球式、滚轮转盘式等多种构造，大都利用金属带和可变半径的滚轮传输动力。透过主动滚轮与被动滚轮半径的变化，达到齿轮比的

变化。理论上这种传动方式的效率很高，不过必须建立在能负荷所传递的动力的情况下。由于是利用钢带与滚轮之间的摩擦力传递动力，所以钢带及滚轮的工作情况十分苛刻。为了有效传递动力，钢带与滚轮之间不允许打滑，而且原本产生的热能已经很多，如果再打滑恐怕将会造内部机件的烧毁或严重耗损。而为了增加静摩擦力，最直接的方式就是增加钢带与滚轮之间的压力。但摩擦力增加了，动力传输的耗损也会增加，无形中还是增加了油耗。并且钢带的强度也是一大重点。所以 CVT 纵然有舒适、效率高及节能等等优点。缺点就是目前一般的 CVT 不能承受较大的扭力。不然就是要用较高的油耗作补偿。

无级变速器（CVT）与有级式的区别在于，它的变速比不是间断的点，而是一系列连续的值，譬如可以从 3.455 一直变化到 0.85。CVT 结构比传统变速器简单，体积更小，它既没有手动变速器的众多齿轮副，也没有自动变速器复杂的行星齿轮组，它主要靠主、从动轮和金属带来实现速比的无级变化。

其原理是与普通的变速器一样大小不一的几组齿轮在操控下有分有合，形成不同的速比，像自行车的踏板经大小轮盘与链条带动车轮以不同的速度旋转。由于不同的力度对各组齿轮产生的推力大小不一，致使变速器输出的转速也随之变化，从而实现不分挡次的徐缓转动。

CVT 采用传动带和可变槽宽的棘轮进行动力传递，即当棘轮变化槽宽肘，相应改变驱动轮与从动轮上传动带的接触半径进行变速，传动带一般用橡胶带、金属带和金属链等。CVT 是真正无级化了，它的优点是重量轻，体积小，零件少，与 AT 比较具有较高的运行效率，油耗较低。但 CVT 的缺点也是明显的，就是传动带很容易损坏，不能承受较大的载荷，只能限用于在 1L 排量左右的低功率和低扭矩汽车，因此在自动变速器中占有率约 4% 以下。近年来经过各大汽车公司的大力研究，情况有所改善，CVT 将是自动变速箱的发展方向。

CVT 传动系统里，传统的齿轮被一对滑轮和一只钢制皮带所取代，每个滑轮其实是由两个椎形盘组成的 V 形结构，发动机轴连接小滑轮，透过钢制皮带带动大滑轮。玄机就出在这特殊的滑轮上：CVT 的传动滑轮构造比较奇怪，分成活动的左右两半，可以相对接近或分离。锥型盘可在液压的推力作用下收紧或张开，挤压钢片链条以此来调节 V 形槽的宽度。当锥型盘向内侧移动收紧时，钢片链条在锥盘的挤压下向圆心以外的方向（离心方向）运动，相反会向圆心以内运动。这样，钢片链条带动的圆盘直径增大，传动比也就发生了变化。

（4）双离合变速器（DSG）　分为干、湿离合器两种设计，干式可承受的扭矩范围较小，适合小排量增压发动机，湿式结构散热更好，但传动效率比干式要低。双离合的最大优点用两套离合器控制换挡，一个挡位断开即意味着相邻挡位的啮合，因而挡位的切换几乎是即时的，非常迅速。如果能更好地解决离合器片发热量和散热的问题，双离合非常适合运动型车的选择。

双离合变速器内含两台自动控制的离合器，由电子控制及液压推动。当变速器运作时，一组齿轮被啮合，而接近换挡时，下一组挡段的齿轮已被预选，但离合器仍处于分离状态。在整个换挡期间能确保最少有一组齿轮在输出动力，从而不会出现动力中断的状况。为配合以上运作，DCT 的传动轴运动时被分为两部分，一为实心的传动轴，另一为空心的传动轴。实心的传动轴连接了 1、3、5 及倒挡，而空心的传动轴则连接 2、4 及 6 挡，两台离合器各自负责一根传动轴的啮合动作，发动机动力便会由其中一根传动轴做出无间断的传送。（如图 2-14 所示）

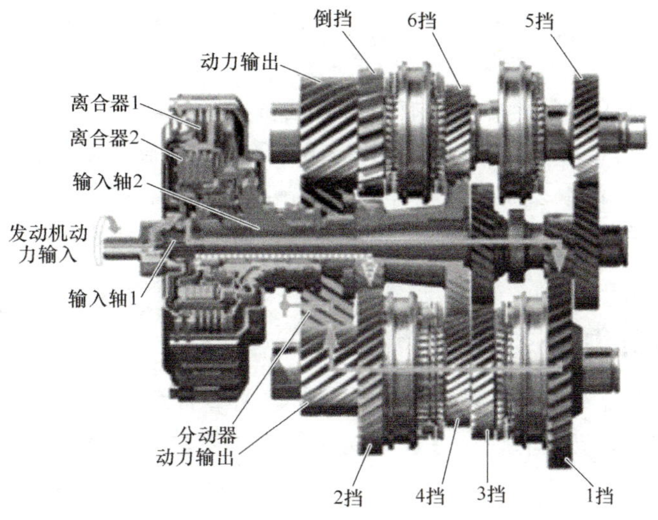

图 2-14　某轿车配备的双离合变速器（DSG）

二、牵引力控制系统（TCS）

所谓 TCS 就是 Traction Control System（循迹控制系统）的缩写，是根据驱动轮的转数及传动轮的转数来判定驱动轮是否发生打滑现象，当前者大于后者时，进而抑止驱动轮转数的一种防滑控制系统。

TCS 主要是使用发动机点火的时间、变速器挡位和供油系统来控制驱动轮打滑的情形。当 TCS 感应到车轮打滑的时候，首先会经过发动机控制电脑改变发动机点火的时间，减低发动机扭力输出或是在该轮上施加制动以防该轮打滑，如果在打滑很严重的情况下，就再控制发动机供油系统。TCS 在运用的时候，变速器会维持较高的挡位，在节气门加大的时候，会避免突然下挡而使打滑更厉害。TCS 最大的特点是使用现有 ABS 系统的电脑、速度传感器和控制发动机与变速器的 ECU，即使换上了备胎，TCS 也可以准确的应用。

【活动实施】

一、手自一体变速器介绍

某高级轿车 6 速手自一体变速器如图 2-15 所示。

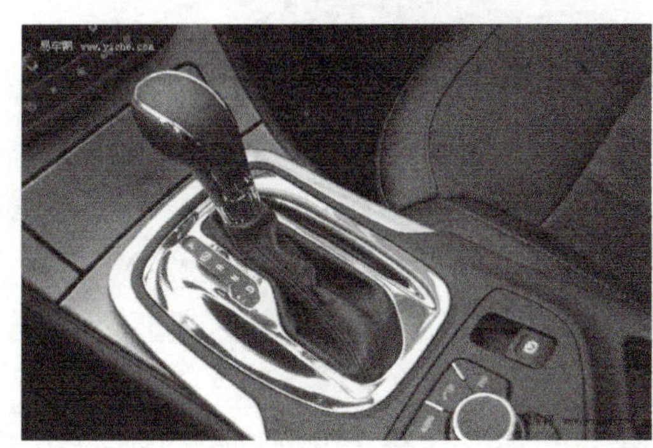

图 2-15　某高级轿车 6 速手自一体变速器

F：我们全系车型均配备了S6速手自一体变速器，这样的配置使我们许多客户都被深深地吸引住了。

A：新变速器沿承了一代产品所具有的紧凑轻量、高效低耗、稳定可靠、终身免维护等优势特长，并进一步优化设计，对控制系统、液压系统、离合器系统、油路、油泵、变扭器等进行了改进完善，实现了更为精确的换挡控制，减少了运行损耗。

B：在有效提升换挡平顺性与响应速度的同时，进一步降低了油耗，带给消费者以游刃自如的全新体验。

二、牵引力控制系统（TCS）

F：为了您能够全心全力的体验驾驶乐趣的，我们全系车型均标配牵引力控制系统。

A：这样它可抑制驱动轮打滑，保证车辆拥有优良的起步加速性能、直线行驶性能和转向时的稳定性。

B：使您在驾控方面突显得心应手，为您的驾乘增添乐趣。

练习题5

某轿车，排量为2.5L，搭载CVT变速器，市场价格约为25万元，其CVT变速杆如图2-16所示。试向客户介绍其性能。

提示：

关注此类功能的客户以男性客户居多。他们对汽车有一定的知识，对变速性能比较重视；而出于与众不同的心理需求，又对变速器的科技性要求较高；选择的车型偏向于商务车。

图2-16　某轿车CVT变速杆

活动6　汽车经济性能介绍

【活动描述】

某中高级轿车，排量有2.0L和2.4L两种，手自一体变速器，市场价格约为25万元。在销售展厅内，某来店客户表现出对汽车经济性能非常关注。作为销售顾问，要向客户推荐

介绍该轿车的经济性能。在本活动中，向客户介绍该轿车的经济性能配备功能。

【知识准备】

一、汽车的燃油经济性

汽车的燃油经济性常用一定工况下汽车行驶百公里的燃油消耗量或一定燃油量能使汽车行驶的里程来衡量。在我国及欧洲，汽车燃油经济性指标的单位为L/100km，而在美国，则用MPG或mi/gall表示，即每加仑燃油能行驶的公里数。燃油经济性与很多因素有关，如行驶速度，当汽车在接近于低速的中等车速行驶时燃油消耗量最低，高速时随车速增加而迅速增加。另外，汽车的保养与调整也会影响到汽车的油耗量。

二、轮胎与经济性能

绿色轮胎是指应用新材质和设计，使滚动阻力减小，因而耗油低、废气排放少的子午线轮胎。在汽车行驶中，能量会被各种阻力所消耗，其中约20%的燃油被轮胎滚动阻力所消耗。使用绿色轮胎就可以减少这方面的能量消耗，从而达到省油的目的。

绿色轮胎具有弹性好、滚动阻力小、耗油低、生热低、耐磨、耐穿刺、承载能力大、乘坐舒适等优点。与传统轮胎比，凸现了环保、节能、新工艺和新材料等多方面的优势。

三、汽车的外形与经济性能

空气阻力是汽车行驶时所遇到最大的也是最重要的外力。空气阻力系数（相关内容请参阅项目一的活动2）与汽车油耗成正比的关系，因此降低空气阻力系数，对于降低汽车的燃料消耗，有重要的实际意义。根据测试，当一辆轿车以80km/h行驶时，有60%的油耗是用来克服风阻的。作为空气阻力系数的重要影响因素，汽车的外形对经济性能的影响也非常重要。

【活动实施】

一、流线型车身介绍

F：该车的造型采用了低风阻流线型车身以及水滴型低风阻系数外后视镜，特别的吸引人们的目光（图2-17）。

图2-17　某轿车的低风阻流线型车身以及水滴型低风阻系数外后视镜

A：动感利落的造型，配合无处不在的空气动力学运用：极富贴地感和俯冲感的整体车身线条，自上而下向内收敛的动感轮廓，快背式流线型设计，与水平面构成“黄金14度角”的后风窗玻璃等。这些设计最大限度地降低风阻系数，改变车与风力的关系，从而达到冠绝国内同级车的0.27风阻系数。外后视镜设计，除了将电动调节、加热除雾等基本功能一举囊括外，最大的特色在于独特的水滴形外观。这样的创意设计，可以尽可能地减小其正面投影面积，有效减少迎风阻力，降低风阻系数。

B：该车的流线型设计有效地控制了燃油经济性，降低了您的出行成本以及使用成本。

二、低滚动阻力轮胎介绍

F：全天候低滚动阻力宽胎搭配18in合金轮毂是我们这款车在节能上一大亮点（图2-18）。

图2-18　某轿车配备的全天候低滚动阻力宽胎搭配18in合金轮毂

A：车辆在行驶中，约有20%的汽油被轮胎的滚动阻力所消耗，可见轮胎对油耗有着最直接的影响。因此，新君威采用全天候低滚动阻力宽胎，将前进中的滚动阻力降至最低，从而提升了燃油经济性。另外，宽胎面设计搭配18in合金轮毂，使车轮与地面的接触面积更大，增强了抓地力，确保车辆高速状态下的循迹能力，并能有效缩短制动距离，显著提高了制动时的稳定性。

B：在保障了您的驾驶行车安全的同时，又在燃油节能上助您一臂之力。

三、2.4LSIDI发动机介绍

F：高节能型的ECOTEC 2.4 SIDI智能直喷发动机在油价大涨的今天，绝对是一大创新亮点（图2-19）。

A：ECOTEC 2.4 SIDI智能直喷发动机相比上一代同排量机型，功率大幅提升9.6%，扭矩提升6.7%；而混合工况下百公里油耗则下降了2.2%，冷起动排放更大幅降低了25%。凭借其在动力、油耗、排放方面的卓越表现，荣膺“Ward's Auto World”2010年度全球十佳发动机。

B：让您在享受高科技带来的先进动力的同时，又降低了您的日常使用维护成本的费用，可谓是一举两得。

图 2-19　某中高级轿车配备的 ECOTEC 2.4 SIDI 智能直喷发动机

练习题 6

某轿车排量为 1.8L，CVT，市场价格约为 26 万元，其外观造型如图 2-20 所示，发动机室如图 2-21 所示。试向客户介绍影响到使用经济性的配置，包括该车发动机的燃油经济性，流线型的外观设计。

提示：

关注使用经济性的客户比较在意汽车的油耗等使用成本，在客户能够接受整车价格的前提下，可以尝试向其推荐混合动力型的轿车。

图 2-20　某油电混合车的外观造型

图 2-21　某油电混合车的发动机室

项目三 汽车操控性能推介

【学习目标】

1. 掌握汽车发动机操控性能的介绍。
2. 掌握汽车驾驶室及后排乘客席内相关配置与配备。
3. 能够向客户推介汽车操控性能的相关配备。

活动7 驾驶室操控性能介绍

【活动描述】

某中高级轿车，发动机排量为2.0L，市场价格约为28万元。在销售展厅内，某来店客户对该车的内饰以及后排乘客席内的相关操作、操控比较关注。作为销售顾问，要向客户推介该轿车的操控性能。在本活动中，向客户介绍该轿车的发动机操控性配备及其特点。

【知识准备】

一、汽车仪表系统

1. 概述

汽车仪表由各种仪表、指示器，特别是驾驶员用警告灯、报警器等组成，为驾驶员提供所需的汽车运行参数信息。按照汽车仪表工作原理的不同，汽车仪表可大致分为三代。第一代汽车仪表是机械机芯表；第二代汽车仪表称为电气式仪表；第三代为全数字汽车仪表，它是一种网络化、智能化的仪表，其功能更加强大，显示内容更加丰富，线束连接更加简单。

2. 仪表板发光体的分类

汽车仪表背光灯的类型分为两种，即普通卤素灯泡式和自发光式。目前轿车上越来越多地使用了自发光式背光灯作为汽车仪表板发光源的介质，下面将简单介绍一下这两种类型。

（1）普通卤素灯泡式　该类仪表板的发光体采用的是卤素灯泡，优点在于简单、成本低廉，多在经济性轿车中的仪表上使用。普通卤素灯仪表板如图 3-1 所示。

图 3-1　普通卤素灯仪表板

（2）自发光式　所谓自发光式仪表，就是只要车辆起动，仪表板就是亮的。该类自发光式仪表所使用的材料主要有 LED 式（见图 3-2）和 OLED 式的仪表（见图 3-3）。

图 3-2　LED 自发光式仪表

图 3-3　OLED 式自发光仪表

3. 汽车仪表的组成

（1）驻车指示灯　驻车制动杆（即手刹）拉起时，驻车指示灯闪亮。驻车制动杆被放下时，驻车指示灯自动熄灭。在有的车型上，制动液不足时此灯也会闪亮。驻车指示灯如图 3-4所示。

（2）蓄电池指示灯　蓄电池指示灯即为显示蓄电池工作状态的指示灯。接通蓄电池后蓄电池指示灯亮起，发动机起动后熄灭。如果蓄电池指示灯不亮或常亮不灭，应立即检查发电机及电路。蓄电池指示灯如图 3-5 所示。

（3）制动盘指示灯　制动盘指示灯即为显示制动盘或制动片磨损情况的指示灯。正常情况下制动盘指示灯熄灭，闪亮时则是提示车主应及时更换故障或磨损过度的制动片，修复后熄灭。制动盘指示灯如图 3-6 所示。

（4）机油指示灯　机油指示灯即为显示发动机机油压力的指示灯，该指示灯亮起时表示润滑系统失去压力，可能存在渗漏的情况，此时需要立即停车关闭发动机进行检查。机油指示灯如图 3-7 所示。

图3-4　驻车指示灯

图3-5　蓄电池指示灯

图3-6　制动盘指示灯

（5）冷却液温度指示灯　冷却液温度指示灯即为显示发动机冷却液温度过高的指示灯。该指示灯闪亮报警时，应立即停车并关闭发动机，待冷却至正常温度后再继续行驶。冷却液温度指示灯如图3-8所示。

（6）安全气囊指示灯　安全气囊指示灯即为显示安全气囊工作状态的指示灯。接通电源后该指示灯闪亮，约3～4s后熄灭，表示系统正常；不亮或长亮则表示系统存在故障。安全气囊指示灯如图3-9所示。

图3-7　机油指示灯

图3-8　冷却液温度指示灯

图3-9　安全气囊指示灯

（7）ABS指示灯　接通电源后ABS指示灯闪亮，约3～4s后熄灭，表示系统正常。该指示灯不亮或长亮则表示系统存在故障，此时可以继续低速行驶，但应避免紧急制动。ABS指示灯如图3-10所示。

（8）发动机自检灯　发动机自检灯即为显示发动机工作状态的指示灯。接通电源后该指示灯闪亮，约3～4s后熄灭，说明发动机正常。该指示灯不亮或长亮则表示发动机存在故障，此时需及时进行检修。发动机自检灯如图3-11所示。

（9）燃油指示灯　燃油指示灯即为提示燃油不足的指示灯。该指示灯亮起时，表示燃油即将耗尽，一般从该指示灯亮起到燃油耗尽之前，车辆还能行驶约50km左右（具体行驶里程按照实际路况计算）。燃油指示灯如图3-12所示。

图3-10　ABS指示灯

图3-11　发动机自检灯

图3-12　燃油指示灯

（10）车门状态指示灯　车门状态指示灯即为显示车门是否完全关闭的指示灯。当车门打开或未能关闭时，该指示灯亮起，以提示车主车门未关好，车门关闭后该指示灯熄灭。车门状态指示灯如图3-13所示。

（11）清洗液指示灯　清洗液指示灯即为显示风窗玻璃清洗液存量的指示灯。如果清洗

液即将耗尽，则该指示灯闪亮，以提示车主及时添加清洗液。添加清洗液后，该指示灯熄灭。清洗液指示灯如图 3-14 所示。

(12) 电子节气门指示灯　电子节气门指示灯多见于大众公司的车型。车辆开始自检时，电子节气门（EPC）指示灯会闪亮数秒，随后熄灭，若出现故障，则该指示灯亮起，应及时进行检修。电子节气门指示灯如图 3-15 所示。

图 3-13　车门状态指示灯

图 3-14　清洗液指示灯

图3-15　电子节气门指示灯

(13) 前后雾灯指示灯　前后雾灯指示灯是用来显示前、后雾灯工作状况的指示灯。前、后雾灯接通时，两灯闪亮，图 3-16 中左侧的是前雾灯显示，右侧为后雾灯显示。

(14) 远光指示灯　远光指示灯用于显示前照灯是否处于远光状态。通常情况下，该指示灯为熄灭状态。在远光灯接通和使用远光灯瞬间闪亮功能时，远光指示灯亮起。远光指示灯如图 3-17 所示。

(15) 安全带指示灯　安全带指示灯即为显示安全带状态的指示灯。按照车型的不同，该指示灯会亮起数秒进行提示，或者是直到驾乘人员系好安全带才熄灭，有的车型还会有声音提示。安全带指示灯如图 3-18 所示。

图 3-16　前后雾灯指示灯

图 3-17　远光指示灯

图 3-18　安全带指示灯

(16) O/D 挡指示灯　O/D 挡指示灯用来显示自动变速器的 O/D 挡（Over-Drive，即超速挡）的工作状态，当 O/D 挡指示灯闪亮时，则说明 O/D 挡已锁止。O/D 挡指示灯如图3-19所示。

图 3-19　O/D 挡指示灯

(17) 内循环指示灯　内循环指示灯是用来显示车辆空调系统工作状态的指示灯，平时为熄灭状态。当接通内循环按钮，车辆关闭外循环时，该指示灯自动闪亮。内循环指示灯如图 3-20 所示。

(18) VSC 指示灯　VSC 指示灯是用来显示车辆 VSC 系统（电子车身稳定系统）工作状态的指示灯，多出现在日系车上。当该指示灯闪亮时，说明 VSC 系统已被关闭。VSC 指示灯如图 3-21 所示。

(19) TCS 指示灯　TCS 指示灯是用来显示车辆 TCS（牵引力控制系统）工作状态的指示灯，多出现在日系车上。当该指示灯闪亮时，说明 TCS 已被关闭。TCS 指示灯如图 3-22 所示。

图 3-20　内循环指示灯

图 3-21　VSC 指示灯

图 3-22　TCS 指示灯

（20）发动机转速表　发动机转速表用来显示当前发动机的曲轴转速。发动机转速表如图 3-23 所示。

（21）车速表　车速表用于查看车辆当前的行驶速度，支持 mile/h 或 km/h 两种单位。车速表如图 3-24 所示。

图 3-23　发动机转速表

图 3-24　车速表

二、驱动形式

所谓驱动方式，是指发动机的布置方式以及驱动轮的数量和分布形式。

现在乘用车的驱动方式有前置前驱（FF）、前置后驱（FR）、前置四驱（4WD）、中置后驱（MR）和后置后驱（RR）。

1. 前置前驱

（1）概述　前置前驱即发动机前置、前轮驱动（Front engine Front drive，简称 FF），这是绝大多数轿车上比较盛行的驱动形式，但货车和大客车基本上不采用该形式。这种布置形式目前主要在发动机排量为 2.5L 以下的乘用车上得到广泛的应用。前置前驱轿车的布局一般都是将发动机横向布置，与设计紧凑的变速驱动桥相连。发动机前置前轮驱动如图 3-25 所示。

图 3-25　发动机前置前轮驱动

（2）前置前驱的优、缺点

1）优点。

① 省略了传动轴装置，减轻了车重，结构比较紧凑。

② 有效地利用了发动机舱的空间，驾驶室内的空间更为宽敞，并有利于降低地板的高度，提高车辆的乘坐舒适性。

③ 发动机靠近驱动轮，动力传递效率高，燃油经济性好。

④ 发动机等总成前置，增加了前轴的负荷，提高了轿车高速行驶时的操纵稳定性和制动时的方向稳定性。

⑤ 简化了后悬架系统。

⑥ 在积雪或易滑路面上行驶时，靠前轮牵拉车身，有利于保证车辆方向稳定性。

⑦ 汽车散热器布置在汽车前部，散热条件好，发动机可得到足够的冷却。

⑧ 行李箱布置在汽车后部，所以有足够大的行李箱空间。

2）缺点。

① 起动、加速或爬坡时，前轮负荷减少，导致牵引力下降。

② 前桥既是转向桥，又是驱动桥，结构及工艺复杂，制造成本高、维修保养困难。

③ 前桥负荷较后轴重，并且前轮又是转向轮，故前轮工作条件恶劣，轮胎使用寿命短。

④ 前轮驱动并转向时需要等速万向节，其结构和制造工艺较为复杂。

⑤ 一旦发生正面碰撞事故，因其发动机及附件损失较大，维修费用高。

2. 前置后驱

（1）概述 前置后驱，即发动机前置、后轮驱动（Front engine Rear-drive，简称FR），这是一种最传统的驱动形式。国内外大多数货车、部分轿车（尤其是高级轿车）和部分客车都采用这种驱动形式，但采用该驱动形式的小型车则很少。发动机前置后轮驱动如图3-26所示。

（2）前置后驱的优、缺点

1）优点。

① 在良好的路面上起动、加速或爬坡时，驱动轮的负荷增大（即驱动轮的附着压力增大），其牵引性能比前置前驱形式优越。

② 轴荷分配比较均匀，因而该形式的车辆具有良好的操纵稳定性和行驶平顺性，并有利于延长轮胎的使用寿命。

③ 发动机、离合器和变速器等总成临近驾驶室，简化了操纵机构的布置。

④ 转向轮是从动轮，转向机构结构简单、便于维修。

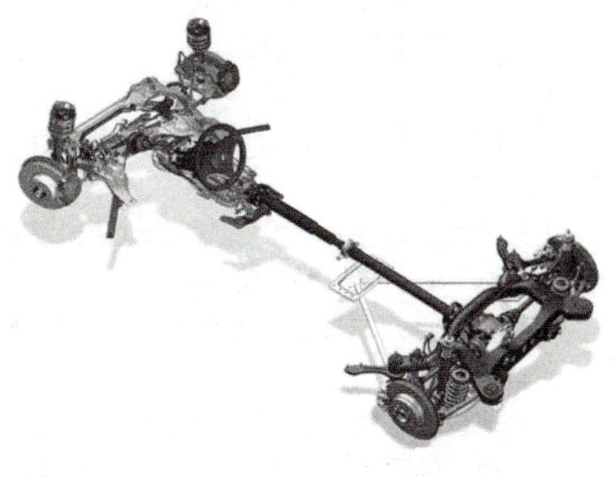

图3-26 发动机前置后轮驱动

2）缺点。

① 由于采用传动轴装置，不仅会增加车重，同时还会降低动力传动系统的传动效率，因此对车辆的燃油经济性造成不利影响。

② 纵置发动机、变速器和传动轴等总成的布置，使驾驶室空间减小，影响车辆的乘坐舒适性；同时，会导致后排地板中央有凸起。

③ 在雪地或易滑路面上起动、加速时，后轮推动车身，易发生甩尾现象。

3. 前置四驱

前置四驱是通常所指的汽车发动机前置，并且是四轮驱动的驱动形式，多用于高性能轿车或 SUV。该驱动形式用在轿车上的优点就是使车辆的操控性更高，而用在越野车上则是通过性更强。发动机前置四轮驱动如图 3-27 所示。

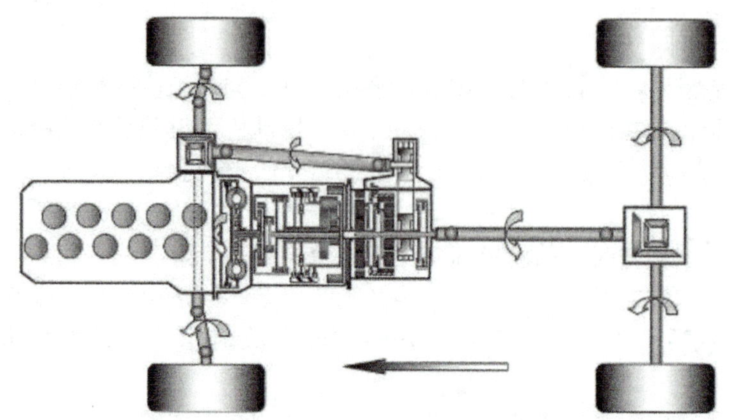

图 3-27　发动机前置四轮驱动

4. 中置后驱

（1）概述　中置后驱即发动机中置、后轮驱动（Middle-engine Rear-drive，简称 MR），发动机置于座椅之后、后轴之前，大多数高性能跑车和超级跑车都采用这种驱动形式。发动机中置后轮驱动如图 3-28 所示。

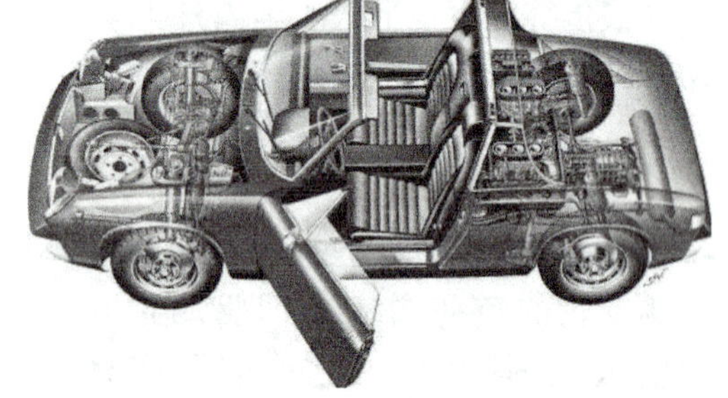

图 3-28　发动机中置后轮驱动

（2）中置后驱的优、缺点

1）优点。

① 可获得最佳的轴荷分配，操纵稳定性和行驶平顺性较好。

② 发动机靠近驱动桥，无需传动轴，从而减轻了车重，具有较高的传动效率。

③ 重量集中，车身平摆方向的惯性力矩小，转弯时，转向盘操作灵敏，运动性好。

2）缺点。

① 发动机的布置占据了车厢和行李箱的一部分空间，通常车厢内只能安放 2 个座椅。

② 发动机的隔声和绝热效果差，乘坐舒适性有所降低。

5. 后置后驱

后置后驱即发动机后置、后轮驱动（Rear-engine Rear-drive，简称 RR），是目前大、中型客车流行的布置形式。而应用在现代乘用车，后置发动机可以说是没有任何优点，这是由于车辆后部的重量过大，在快速过弯时，整车的抓地需求绝大部分交付给了后轮，此时后轮的负担是很大的，因此一旦后轮因为速度过高或者路况较差等原因打滑，那么后轮就会失控，导致无法让车辆保持既定运行轨迹。

三、主动转向系统

1. 概述

主动转向系统是在方向盘系统中装置了一套根据车速调整转向传动的变速器。这个系统包含了一个拳头般大小的行星齿轮以及两根输入轴，其中一根输入轴连接到方向盘，另一根则通过螺旋齿轮由电动机进行控制。当车速较低时，控制电动机与转向管柱呈同方向转动，以增大转向角度；而当高速行驶时，控制电动机呈反方向转动，从而减小转向角度。主动转向系统如图 3-29 所示。

2. 主动转向系统的控制原理

主动转向系统的控制组件与发动机的电子零件、动态稳定控制（DSC）系统和两个偏航率传感器相联通。依据这些系统提供的信息，它以平均 100 次/s 的运算速度，提供最实时、最理想的转向角度。系统通过测量转向角度，可以掌握驾驶员的意图。动态稳定控制系统依据车轮转动的圈数可以计算出车速，而偏航率传感器则可随时监控车辆垂直轴的稳定性。对于车辆是否行驶在理想线路上或是有偏离路线的趋势，主动式转向系统始终都能明察秋毫。主动转向系统的原理如图 3-30 所示。

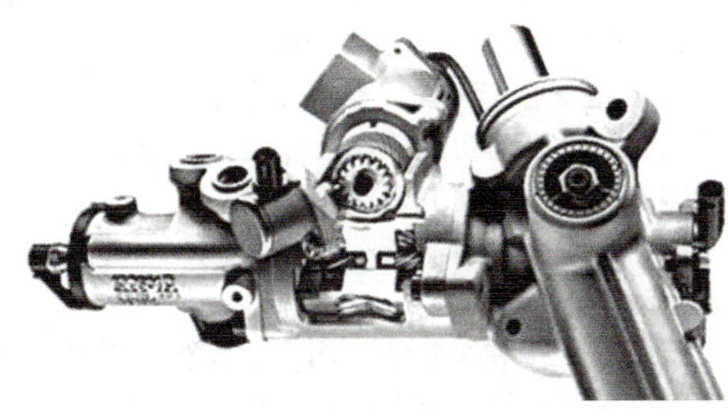
图 3-29　主动转向系统

当发生特别紧急的情况时，例如闪避，所有的汽车都会自然地发生转向过度的现象。主动转向系统在一开始就能察觉，并在毫秒之内相应地调整转向角度。也就是说，系统能在驾乘人员不知不觉中自动地反转转向系统来平衡车身，从而提高了行车安全性。而如果主动转向系统自身不足以让车辆维持稳定的行驶路线时，动态稳定控制系统将及时介入，降低发动机功率或对个别车轮进行制动。

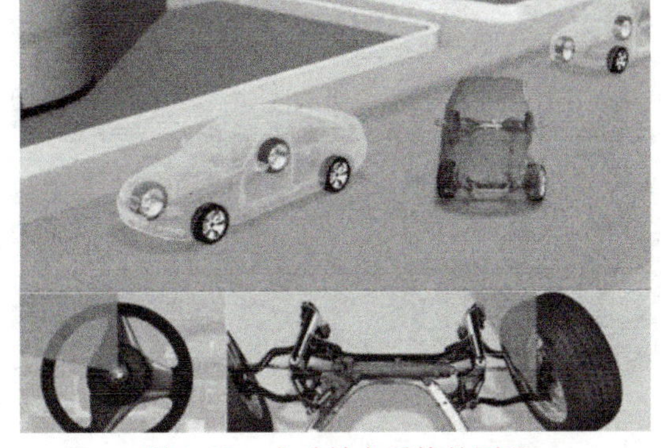
图 3-30　主动转向系统的原理

四、汽车制动器

1. 前制动器类型

前制动器类型是指前轮的制动类型，一般来说汽车的制动方式分为盘式、鼓式、通风盘和陶瓷通风盘式，现在乘用车的前制动大多都是通风盘，只有部分低端车型采用前实心盘，而陶瓷通风盘则主要应用在高性能跑车上。

2. 后制动器类型

后制动器类型是指后轮的制动类型，一般来说汽车的制动方式分为盘式、鼓式、通风盘和陶瓷通风盘式，现在乘用车的后制动大多都是盘式，只有部分低端车型采用后鼓式，而陶瓷通风盘式则主要应用在高性能跑车上。

3. 驻车制动器类型

驻车制动器类型是指驻车制动的操作方式，现在乘用车上驻车制动的操作方式可以分为手驻车制动、脚驻车制动和电子驻车制动三种。

（1）手驻车制动　虽然驻车制动的操纵方式变得多样化起来，但是传统式的“手驻车制动”仍是使用最为广泛的，操纵手柄一般安装在变速杆附近，其操纵方式也很简单，直接拉起即可起作用；按住操纵手柄端部的按钮稍微向上一提，然后推回原位即可释放“手驻车制动”。手驻车制动器如图 3-31 所示。

不过传统式手驻车制动器也可以很时尚，比如以下几种造型的手驻车制动器（见图 3-32 和图 3-33），看上去很酷。

（2）电子驻车制动　电子驻车制动（见图 3-34）是指将行车过程中的临时性制动和停车后的长时性制动功能整合在一起，并且由电子控制方式实现停车制动的技术（相关内容请参阅项目七的活动 14）。

（3）脚驻车制动　脚控式驻车制动，顾名思义，用脚来操纵的驻车制动器，多见于高档型自动变速器车型。

传统式“手驻车制动”用手来操纵，操纵力小于 200N（相当于 20kgf），但是对于为数不少的力量稍小的女士来说，这种操纵很不友好，常常会因为用力太小而使驻车制动力不足，发生溜车现象。脚控式驻车制动很好地解决了这一问题。脚驻车制动如图 3-35 所示。

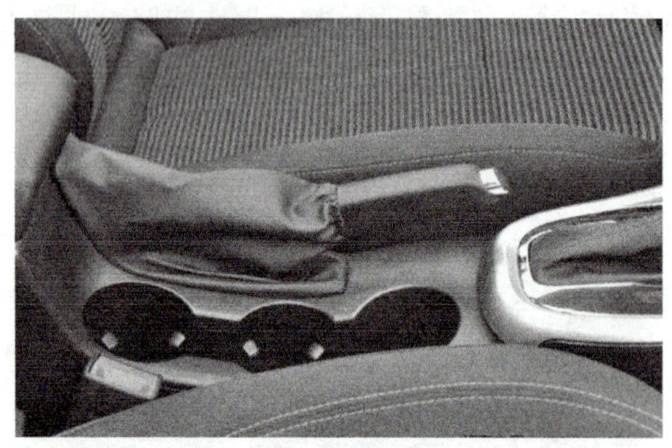

图 3-31　手驻车制动器

图 3-32　T 形手驻车制动器

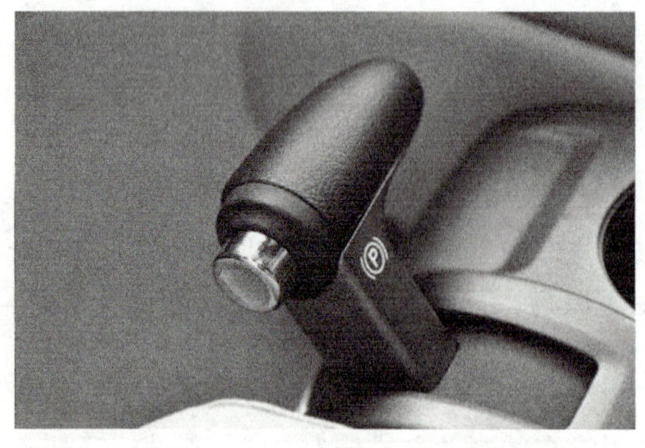

图 3-33　飞机式手驻车制动器

图 3-34　电子驻车制动器

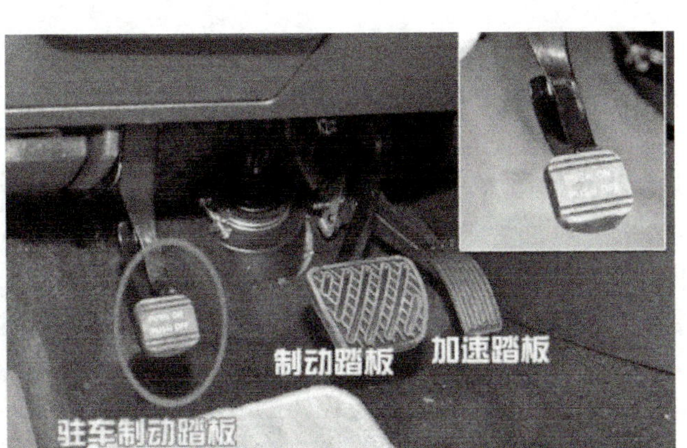

图 3-35 脚驻车制动

五、后视镜

汽车后视镜反映汽车后方、侧方和下方的情况，使驾驶者可以间接看清楚这些位置的情况。汽车后视镜起着“第二只眼睛”的作用，扩大了驾驶者的视野范围。汽车后视镜属于重要安全件，它的镜面、外形和操纵都颇讲究。后视镜的质量及安装都有相应的行业标准，不能随意。

1. 后视镜调节

后视镜电动调节是指车外两侧的后视镜，在需要调节视角时驾驶员可以不必下车，而在车内通过电动按钮就可以进行调节。后视镜电动调节如图 3-36 所示。

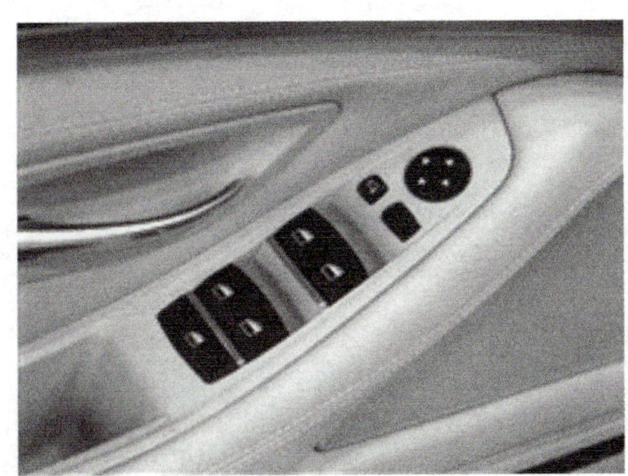

图 3-36 后视镜电动调节

以前经常可以看到在行车的时候有人伸出手去调节后视镜，这时驾驶员已不能正确观察前方的道路，对安全造成了极大的隐患。而电动调节的后视镜就不会出现这样的情况，在需要调节后视镜的视角时，可以通过车内的电动按钮进行调节，其按钮一般设计在方向盘左侧，可以对左右两侧的后视镜分别进行调节。现在大部分轿车都配备了后视镜电动调节。

2. 后视镜电动折叠

后视镜电动折叠是指汽车两侧的后视镜在必要时可以折叠收缩起来。这种功能在城市路边停车时特别有用，后视镜折叠后能节省很大的空间，同时也可避免自己的爱车受“断耳”之痛。

图 3-37 后视镜电动折叠

车辆在行车过程中难免发生一些意外事故，后视镜作为安装在车辆上宽度最宽的零部件，在造成相擦的情况下，最易受到冲击，为了最大限度地避免擦伤，就需要后视镜具有折叠功能。具有折叠功能的后视镜，在通过狭窄路段时可以收缩起来，提高了车辆的通过性，在驾驶员离开车辆的时候，也可以把后视镜折叠起来，不仅可以保护镜面，还可以减小停车泊位空间，有效避免了剐蹭。后视镜电动折叠如图 3-37 所示。

多数情况下，后视镜折叠的按键是位于驾驶一侧车门的电动开关区域（见图 3-38），但也有些车型是例外，例如换挡底座区域、仪表台左下方区域。

3. 后视镜记忆

后视镜的镜面调节设计与驾驶员座椅、方向盘、后视镜构成一个系统，每个驾驶员可根据个人身高与驾驶习惯的不同来调节后视镜的最佳视角和座椅、方向盘的最佳舒适性，然后进行记忆存储。在其他人驾驶车辆后或被他人调整已记忆的视角后，车主可以非常轻松地开启自己的记忆存储，所有设施都会恢复到最佳的设定状态。后视镜记忆按钮如图 3-39 所示。

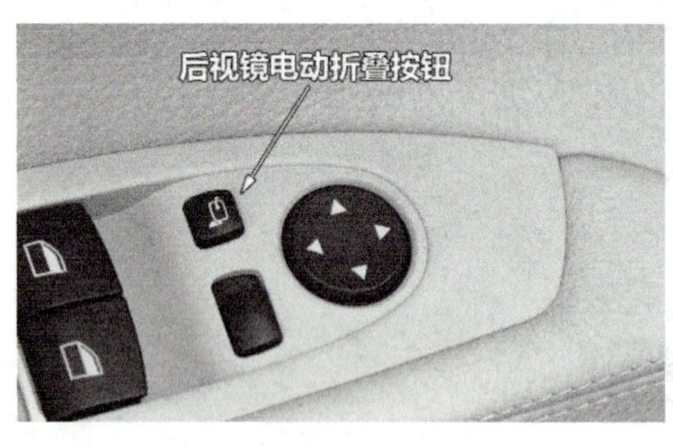

图 3-38 后视镜折叠按钮

图 3-39 后视镜记忆按钮

4. 后视镜加热

（1）概述 后视镜加热功能是指当汽车在雨、雪、雾等天气行驶时，后视镜可以通过镶嵌于镜片后的电热丝加热，确保镜片表面清晰。后视镜加热片及按钮如图 3-40 所示。

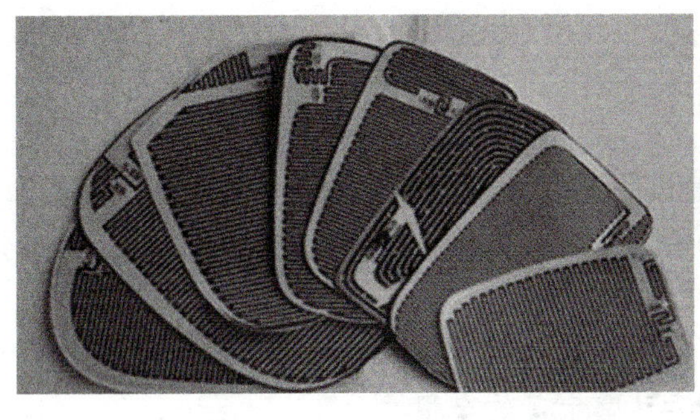

图 3-40 后视镜加热片及按钮

（2）工作原理 其实电加热后视镜的工作原理非常简单，而且成本也不是很高，就是在两侧后视镜的镜片内安装一个电热片（电热膜），在雨雪天气时，驾驶员打开后视镜电加热功能，电热片会在几分钟内迅速加热至一个固定的温度，一般在 35～60℃，从而起到对镜片加热、除雾除霜的效果。

图 3-41 双曲率后视镜

5. 双曲率后视镜

双曲率后视镜是指在后视镜外侧约 1/3 的位置会有一条虚线。虚线以外的部分曲率半径较小，主要用来观察车身侧面较远位置的情况；虚线以内的部分曲率半径较大，用来观察车身侧面较近位置的情况。两种曲率结合可以尽量减小后视镜的盲区。双曲率后视镜如图 3-41 所示。

【活动实施】

一、自发光式仪表介绍

某中高级轿车配备的组合式仪表如图 3-42 所示。

图 3-42 某中高级轿车配备的组合式仪表

F：这辆车所使用的是整合驾驶员信息显示屏及ECO节油模式的组合仪表板，所有信息清晰呈现，一目了然。

A：双圆式组合仪表板采用了LED自发光式的背光，显示对比度高且可视角度大，即使低温时也能提供出色响应。此外，驾驶员信息显示屏采用3.5in彩色TFT的LCD液晶屏，可通过形象的图示和中文提示呈现丰富的行车信息，不仅具有强烈的立体视觉效果，而且直观、易识别，便于及时掌握爱车状况。

B：当您进入车内，起动车辆后，动感十足的仪表就出现在您的面前，让科技产品拥有像人一样的智慧，让您迫不及待地想驾驭这款运动感十足的车型。

二、运动型多功能真皮方向盘的操控性能介绍

某运动型轿车配备的运动型多功能真皮方向盘如图3-43所示。

F：汇集人机工程学的多功能方向盘，看上去就酷感十足。

A：运动型三辐方向盘中央嵌入家族徽标，方向盘上集成音响调节、仪表板显示信息切换、蓝牙免提等多种控制按键，在驾驶途中双手不必离开方向盘即可轻松操作各项功能，按键位置均经过人机工程学设计，提高了驾驶中的操控性、便利性和安全性。

B：三点和九点处压出贴合手型的凹陷，两点和十点处则有加粗，配合缝边细腻的皮革材质，让触感优异的方向盘完美地征服您挑剔的双手。该车把时下最为流行的用车生活带给您，让您在繁忙的工作之余拥有简单而舒适的旅程。

图3-43　某运动型轿车配备的运动型多功能真皮方向盘

三、可变运动型转向系统的操控性能介绍

某高级轿车配备的可变运动型转向系统如图3-44所示。

F：它所拥有的转向系统不同一般，独具创新的可变运动型转向系统进一步提升了它的卓越性能。

A：与众不同的运动型动态驾驶性能和最大舒适性不会相互排斥，至少在同级别中，该车首次提供的无级调节运动型转向系统是不会这样。与具有恒定转向传动比的传统系统不同，无级调节运动型转向系统中央位置的传动比较高，其余位置的传动比则较低。因此，方向盘只需转2圈便可从一个极限锁止位置移动至另一个极限锁止位置。所以，借助较小的转向角度便足以轻松地越过交叉路口或是挪车进、出停车位。然而，提高操控性的同时也提高了运动性，因此在采取避让操作时可从中受益。

图3-44　某高级轿车配备的可变运动型转向系统

B：这样的科技配备，让您在驾驭该车时，通过可变运动型转向系统的无级调节转向系统可以保证直线行驶时的稳定性以及精确的转向特性。给您带来操控性极强的驾驭体验感。

四、悬架的操控性能介绍

某高性能运动型轿车悬架系统如图 3-45 所示。

图 3-45　某高性能运动型轿车悬架系统

F：说到这款车的悬架系统可谓独一无二，它采用了双球节弹簧减振支柱前桥与五连杆独立后悬架。

A：为了构筑强韧而灵敏的底盘，更轻的前桥平衡前、后之间的车桥负载，直接的结果就是悬架和转向系统的迅速响应。高刚性的对角前桥副车架进一步增强了这一点，它同时还支承着转向器、横向摆臂和推杆以及防侧倾稳定杆。并通过加大轮胎的转向角，降低了最小转弯半径。而五连杆独立后悬架结构紧凑，车轮占用车身面积比较小，使轿车后面空间可以安排得大一些，将后排座椅和行李箱的空间增大。此外，这样的设计还能使车轮与路面的吻合度达到了质的飞跃，有效地稳定了车辆转弯和加减速时的车身姿态，实现了驾乘舒适性与操控稳定性的最佳平衡。

B：穿越坑洼地形时减振性能良好，行驶在平坦公路上时路感清晰。让舒适与运动完美兼容，给您的驾驶操控性更添一筹，是您享受到人车合一的快感。

五、挡位的操控性能介绍

某高级轿车中配备的 8 速手自一体变速器如图 3-46 所示。

1. 8 速手自一体变速器

F：我们这款车配备了科技十足的带电子变速杆的 8 速手自一体变速器。

A：轻质而紧凑的设计在同级车中处于顶级水平。手自一体式设计，任您享受自动换挡的惬意和手动换挡的乐趣。将敏锐的起步性能、流畅的加速性能、优异的低燃料消耗和静谧的驾乘感受提升至全新境界。全系配备多模式自动变速器，在紧凑型轿车中唯一的一款

图 3-46　某高级轿车中配备的 8 速手自一体变速器

8速手自一体变速器，不仅能够确保令人惊叹的轻盈、柔和换挡表现，降低高速行驶时的背景噪声，而且还使油耗也显著降低。8速手自一体变速器换挡过程迅速而舒适，如果不是有转速表的显示，驾驶员几乎难以察觉。各个挡位经过了精细的调校，因此缩短了发动机的换挡行程，从而使您几乎察觉不到换挡过程。同时，发动机的性能水平始终保持在动力和效率完美配合的最佳状态。转速较高时，发动机转速因附加挡位而下降，因此降低了油耗和发动机噪声。该系统由新研发的、更高效的扭力转换离合器提供辅助——即便使用电子变速杆进行手动换挡时，也是如此。

B：变速器与发动机珠联璧合，令换挡操作平稳、顺滑，速度提升流畅、机敏。多模式变速器可以任您享受手动换挡的随心，令您在举手之间轻松体验激情四溢。

2. 个性化驾驶模式介绍

某运动型轿车配备的SPORT模式与ECO PRO模式如图3-47所示。

F：您想要体验更刺激的驾驶操控体验，我们的车系还配备了SPORT模式与ECO PRO模式。

图3-47 某运动型轿车配备的SPORT模式与ECO PRO模式

A：驾驶模式选择开关位于变速杆左侧方。选择SPORT模式时，此模式通过控制节气门开度来提高车辆的加速性和响应性。通过可变运动型转向系统的特性，使车辆转向更为精准。与普通模式相比，SPORT模式下的减振器具有更高的阻尼率和更快的响应。选择ECO PRO模式时，可以帮助您实现极为高效的驾驶方式。当您使用驾驶体验开关选择节油的ECO PRO模式后，智能系统会立即开始工作，并根据您的驾驶风格降低耗油量。ECO PRO模式可使一切都适应最高效率：加速踏板响应模式以及变速器换挡时机的选择全部经过了优化，空调和座椅加热等电子系统的工作模式也进行了智能调节。控制显示屏会指示ECO PRO模式如何积极地降低耗油量，例如通过制动能量回收系统或发动机节能起停功能。此外，有关更高效驾驶的ECO PRO提示也会显示任何特定时间的最佳挡位选择等信息。采取何种节油措施由驾驶员，也就是您本人来决定。按照ECO PRO提示进行操作可将耗油量降低高达20%。车载电脑中的奖励里程会向您精确显示您现在可以行驶的附加里程。

B：当您切入SPORT模式后，发动机仿佛换了“性格”，能实现回馈更为紧凑的加速反应。

练习题7

某轿车，发动机排量为2.0L，6速手自一体变速器，市场价格约为28万元，其驾驶室以及外观分别如图3-48和图3-49所示。试向客户介绍其操控性能，包括多功能方向盘、发动机驱动布置形式以及悬架形式，转向系统性能，换挡拨片，一键起动功能等。

提示：

关注此类功能的客户以年轻人居多，他们对车辆外观和驾驶乐趣以及操控性能十分关注，选择的车型偏向于跑车和轿跑车系列。

图 3-48　某运动型轿车驾驶室

图 3-49　某运动型轿车外观

项目四　汽车舒适性装备推介

【学习目标】

1. 知道影响汽车舒适性的各种结构因素。
2. 掌握与汽车舒适性相关的装置的结构、作用和基本原理。
3. 能够向客户推介汽车的舒适性装备。

活动8　驾乘舒适性装备介绍

【活动描述】

某轿车，发动机排量为1.8L，手自一体变速器，市场价格约为31万元。某客户前来购买新车，因其每天驾车时间相对较长，所以对汽车的舒适性尤为重视。作为销售人员，应当针对客户的需求推介该轿车的各种舒适性装备。在本活动中，要向客户介绍驾乘所感受到的舒适性装备。

【知识准备】

影响到汽车驾乘舒适性的因素有很多，最直接的因素有悬架的结构、座椅的设计等，另外还包括方向盘的位置等其他因素。

一、汽车悬架

汽车悬架如图4-1所示，它是连接车架（或承载式车身）与车桥（或车轮）的传力连接装置。它把作用于车轮的垂直反力、纵向反力和侧向力以及这些反力引起的力矩传递到车架，缓和并吸收各种振动，改善汽车的乘坐舒适性；确保车轮的相对安装关系，保证汽车的操纵稳定性；确保车轮与地面之间的接触良好，改善汽车的平顺性和通过性。

1. 悬架的组成

汽车悬架一般都由弹性元件、减振器和横向稳定杆三部分组成，如图 4-2 所示。在一些车辆上还要加装有横向稳定杆等。

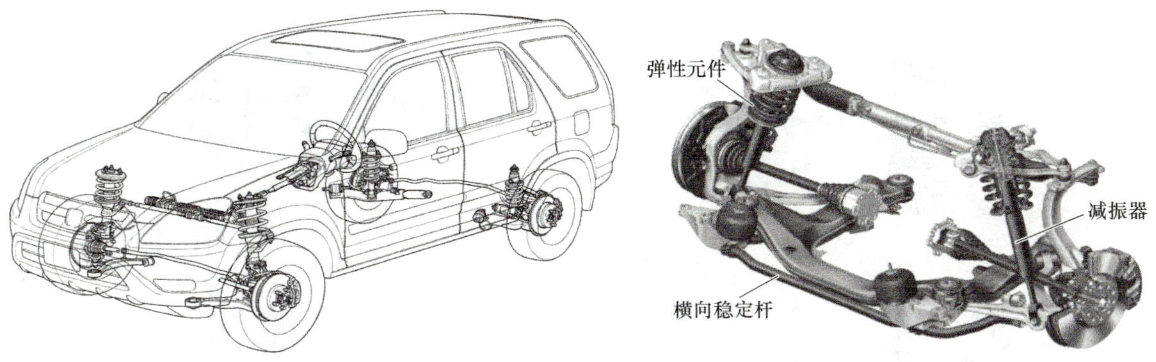

图 4-1　汽车悬架　　图 4-2　汽车悬架的组成

（1）弹簧　弹簧的形式有：由若干片细长弹簧片组合而成的钢板弹簧（如图 4-3 所示，多用于载货汽车）、钢丝卷成螺旋状的螺旋弹簧（如图 4-4 所示，使用螺旋弹簧必须装导向机构）、利用气体可压缩性而制的空气弹簧（见图 4-5）等。

图 4-3　钢板弹簧

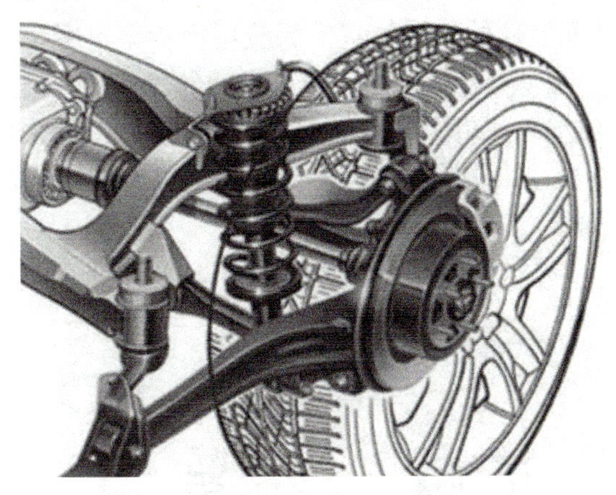

图 4-4　螺旋弹簧

（2）减振器　减振器作为悬架的可动部分安装在弹簧与车身之间。悬架中的弹簧受路面冲击变形后出现摆振恢复过程，所以振动并不能立即停止。减振器就是对悬架的上下运动施加适当的阻力，使振动减轻，吸收一部分来自路面的冲击，如图 4-6 所示。

为了提高乘坐舒适性、同时兼顾操纵稳定性，越来越多的轿车使用阻尼可调式减振器。减振器可以根据行驶工况和悬架参数的变化，调整减振器节流孔的流通面积，进而调整阻尼，使车辆具有更好的综合性能。当载荷增加时，节流孔流通面积减小，阻尼力增大；载荷减小时情况相反。

2. 悬架的结构分类

悬架按照结构特点的不同分为非独立悬架和独立悬架。

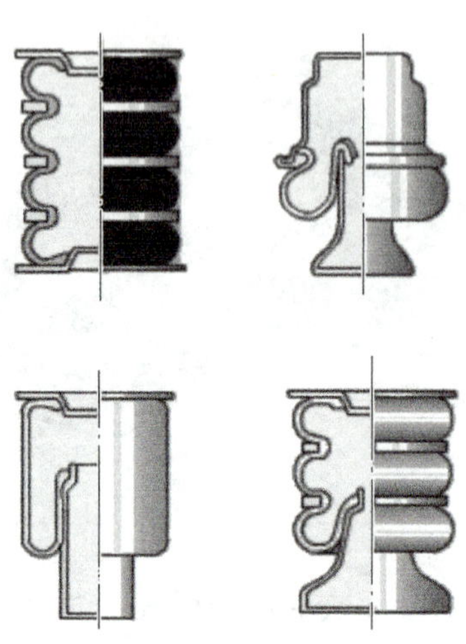

图 4-5　空气弹簧

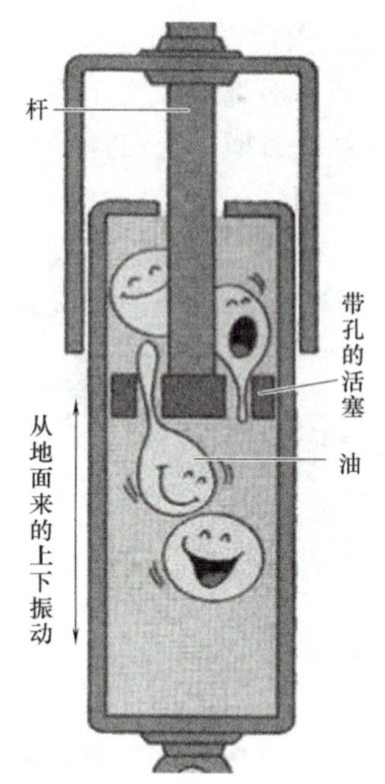

图 4-6　减振器工作原理

（1）非独立悬架　如图 4-7 所示，非独立悬架是指两侧车轮刚性地连接在一起，只能共同运动的悬架。它广泛应用于货车、客车和轿车后桥。

（2）独立悬架　独立悬架的汽车两侧车轮由断开式车桥连接，车轮单独通过悬架与车架连接，如图 4-8 所示。独立悬架可以单独跳动，可减少车身振动，消除车轮偏摆；另外，独立悬架能够降低汽车重心，提高汽车的行驶稳定性。它广泛应用于轿车前悬架。

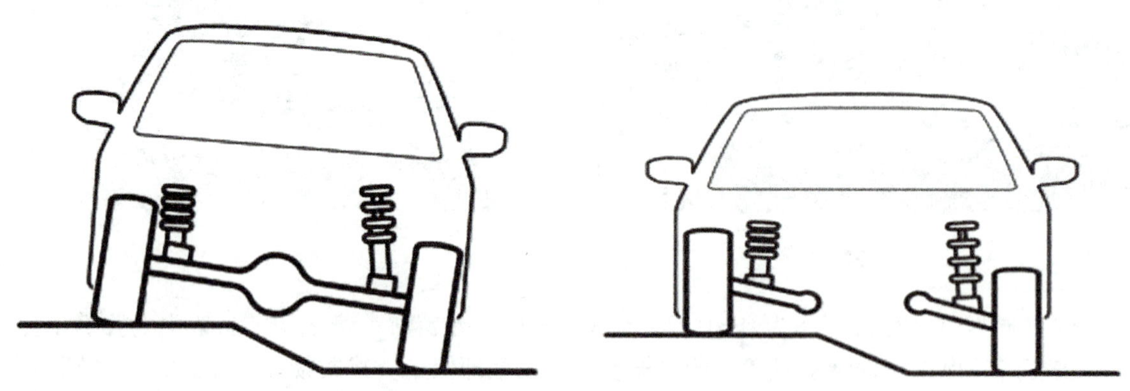

图 4-7　非独立悬架

图 4-8　独立悬架

在独立悬架中，车轮在横向平面内摆动的悬架称为横臂式独立悬架；车轮在纵向平面内摆动的悬架称为纵臂式独立悬架；车轮沿主销移动的悬架有烛式悬架和麦弗逊式悬架（图 4-9）。

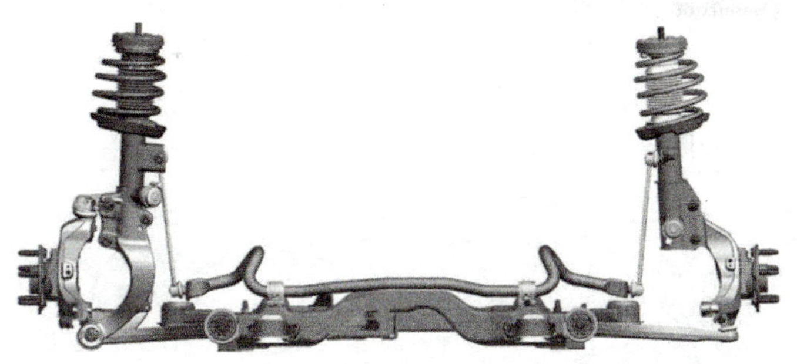

图 4-9 麦弗逊式悬架

二、可调节的座椅

1. 座椅位置调节

座椅调节可以使驾驶人员处于一个相对舒适的驾乘位置，它可以通过手动调节（见图 4-10）或电动机的控制来调节座椅的前后位置、上下高度、靠背角度，豪华车型可以调节座位前部的上下位置、腿部支承、腰部支承（如图 4-11）等。调节方式也分为电动式、手动式和充气式等若干种。

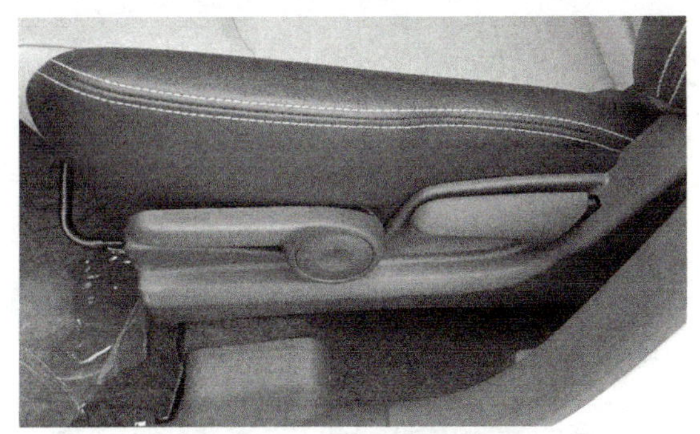

图 4-10 座椅高低手动调节

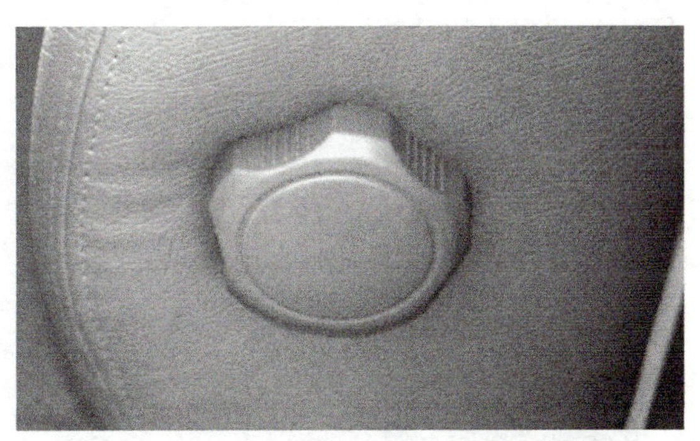

图 4-11 驾驶座腰部支承调节

座椅电动调节要比手动调节简便、省力，而且也可以实现无级调整。电动座椅调节按钮如图 4-12 所示。驾驶员通过调节操纵，可以将座椅调整到最佳位置，以获得最好的视野，得到易于操纵方向盘、踏板、变速杆等操纵件的便利，还可以获得最舒适和最习惯的乘坐角度。座椅电动调节一般配备在高配或高档车上，根据定位、等级的不同，部分车型仅有驾驶员座椅配备了电动座椅，但副驾驶座椅仍然是手动调节，而配置稍高的车型则主、副驾驶座椅都配备了电动座椅调节。

图 4-12 电动座椅调节按钮

2. 座椅位置记忆

电动座椅位置记忆就是将电动座椅与车载电脑结合在一起，增加座椅的记忆功能，对座椅相关的信息参数实现智能化管理。例如，前者调好的座椅状态，后者使用时为确保舒适进行重新调整，这时电脑会将前者调节参数存储，当前者重新乘坐时，只需要按动一个键钮，便可以轻松地获得以前存储的适合个人需要的设定。电动座椅记忆一般有 2 ~4 个记忆组数。座椅位置记忆控制按钮如图 4-13 所示。

图 4-13　座椅位置记忆控制按钮

3. 座椅加热

座椅加热是指座椅内的电加热装置，如图 4-14 所示，其按钮如图 4-15 所示。座椅加热一般出现在选用真皮材料座椅的车辆上。由于真皮座椅表面材料在冬季温度较低，有了座椅加热后，到了寒冷的冬天，驾乘人员就座时就会感觉非常温暖和舒适。大多数电加热装置都有温度可调节的功能。

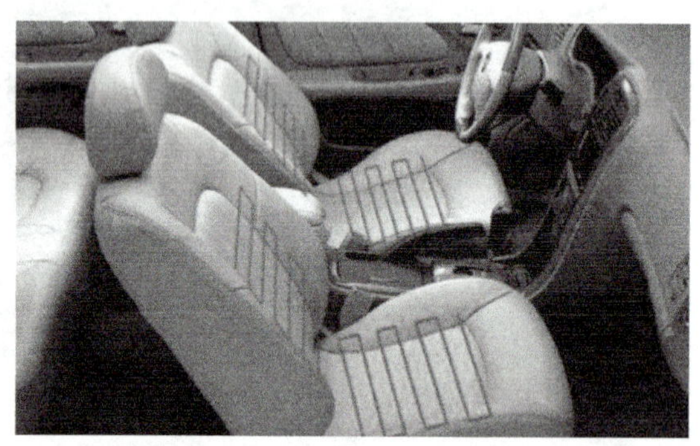

图 4-14　座椅加热示意图

图 4-15　座椅加热按钮

4. 座椅通风

由于乘员身体与座椅紧密接触，接触部分空气不流通，不利于汗液排除，会使人感觉不舒服，高温天气尤为明显。座椅通风空调独有的通风循环系统，源源不断地将新鲜空气从座椅、坐垫和靠背上的小孔流出，防止臀部和后背积汗，提供舒适的乘坐环境，有效地改善了人体与椅面接触部分的空气流通环境，即使长时间乘坐，身体与座椅的接触面也会干爽舒适，如图 4-16 所示。

图 4-16　座椅通风示意图

座椅通风分为送风式和吸风式，其原理就是用风扇向座椅内注入空气，空气从椅面上的小孔中流出，实现通风功能。座椅通风有效地改善了人体与椅面接触部分的空气流通环境，即使长时间乘坐，身体与座椅的接触面也会干爽舒适。

三、可调节的方向盘

为了适应不同身材的驾驶员，除了座椅可以调节之外，方向盘调节也成为一项改善舒适性的配置。调节时握住方向盘，向上拉起锁定释放杆，调节方向盘到需要的位置并释放锁定释放杆。方向盘调节完毕后，要上、下移动，保证其锁定在固定位置上。方向盘调节分为上下调节和前后调节两种，如图 4-17 所示。

方向盘上下调节即调节方向盘的角度，其目的是满足驾驶员对方向盘以及在上下空间上的需要。使驾驶员既调节了座椅与方向盘的距离而保持舒适的腿部空间，又可以保持与方向盘上下方向上的舒适。

方向盘前后调节即调节方向盘轴线上的长短，其目的是满足不同身材的驾驶员对方向盘与自身距离的需要。使驾驶员既调节了座椅与方向盘的距离而保持舒适的腿部空间，又可以保持驾驶员与方向盘距离上的舒适。

图 4-17　方向盘上下调节和前后调节

【活动实施】

一、悬架的性能介绍

F：本车采用了电子控制的多连杆式悬架，包含了可以自动调节阻尼的减振器。自动调节阻尼的减振器如图 4-18 所示。

A：这种悬架可以使行驶中的车轮与路面更吻合，根据车身高度、车速、转向、制动器信号等，由 ECU 控制调整悬架的刚度、阻尼和车身的高度，以抑制车辆倾斜、制动时前部“点头”和高速行驶时后部“下坐”而使车身姿态发生的变化，从而有效地保证了汽车行驶时的稳定性、乘坐舒适性和在各种路况条件下良好的操控性。

B：这样的配置在豪华品牌入门级车型中并不多见。优异的悬架系统确保了在各种路况条件下的最佳乘车感受，且耐久性优良，让您的驾乘随心所欲。

图 4-18　自动调节阻尼的减振器

二、座椅介绍

F：作为标准配置，该车装备的电动座椅能对前后位置、靠背倾角和电动腰部支承等进行多向电动调节，还配备了座椅记忆和座椅加热功能。

A：如图 4-19 所示，这台车采用了最新定制的运动型真皮座椅，柔软的真皮质感很好，充分融合了人体工程学特点，将人体的肩部、背部、腰部、臀部和大腿部纳入其中，实现完全包覆和贴合，坐上去对身体的支承性良好，可以很好地减轻长途驾驶时的疲劳。电动调节前排座椅有位置记忆功能，可设定三个位置，如图 4-20 所示，调节按钮被设计在了车门上，整齐排列的调节键看起来直观、易用。

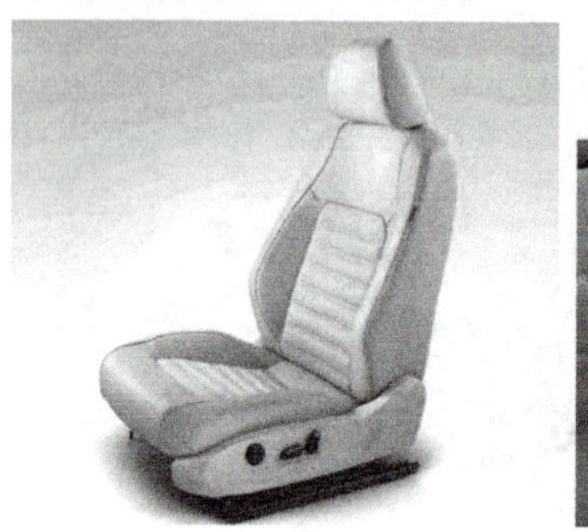

图 4-19　真皮座椅

B：一个舒服的座椅位置对完美旅程是至关重要的。为了更加贴合您的坐姿及提高防滑包裹性，每一个细节都充分考虑到了人体工程学及操控需求，带来了优异的舒适性。后排座椅全部配备了头枕，大大提升了对后排乘员头部的包裹和支承作用。经过细致打磨而成就的上乘之作，令您感受舒适自如的坐姿，感到如同在家里一般。座椅的加热系统带给您的不仅仅是举手投足的从容，更是君临天下的气度，在冬天能带给您倍感温暖的呵护。

图 4-20　前排座椅位置记忆调节按钮

练习题 8

某轿车，发动机排量为 2. 0L，8 速手自一体变速器，市场价格约为 33 万元，其驾驶室如图 4-21 所示。试向客户介绍其便利功能，包括多功能方向盘、手机准备系统、蓝牙系统、GPS 导航系统、一键起动功能等。

提示：

关注此类功能的客户以从事商务活动的人士居多，对驾驶舒适性和便利性比较重视，选择的车型档次较高。

图 4-21 某轿车的驾驶室

活动 9 车内环境舒适性装备介绍

【活动描述】

某轿车，发动机排量为 1. 8L，手自一体变速器，市场价格约为 31 万元。某客户前来购买新车，因其每天驾车时间相对较长，所以对汽车的舒适性尤为重视。作为销售人员，应当针对客户的需求推介该轿车的各种舒适性装备。在本活动中，要向客户介绍车内环境给予驾乘人员的舒适感及其装备。

【知识准备】

一、汽车空调

适宜的温度、适宜的湿度、适宜的气流和清洁的空气，构成了空调三要素：温度、湿度和洁净度。汽车空调系统通过调节温度、湿度、风速和换气等实现对车厢内空气的制冷、加热、换气和空气净化，达到营造车厢内舒适环境的目的。它可以为乘车人员提供舒适的乘车环境，减轻驾驶员的疲劳强度，同时还能预防或除去风窗玻璃上的雾霜冰雪，确保行车安全。空调装置已成为衡量汽车功能是否齐全的标志之一。

1. 汽车空调系统的组成

汽车空调系统由以下几个部分组成：暖风装置，用以提高车内的温度；制冷装置，用以降低车内的温度，并减小车内的湿度；通风装置，用以调节车内空气的气流和换气；空气净化装置，用以调节过滤空气以及对空气进行消毒处理。

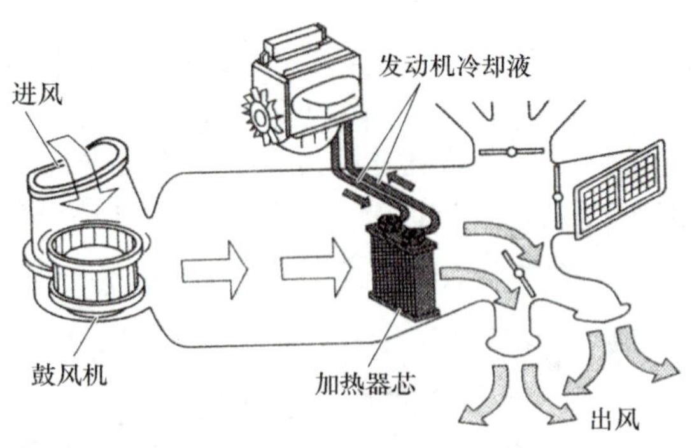

图 4-22　空调热水取暖系统示意图

其中，暖风装置有许多类型，按照热源的不同可以分为热水取暖系统、燃气取暖系统和废气取暖系统等。目前轿车上主要采用热水取暖系统，如图 4-22 所示。

而制冷系统由压缩机、冷凝器、储液干燥罐、膨胀阀和蒸发器等组成，其制冷原理示意图如图 4-23 所示。

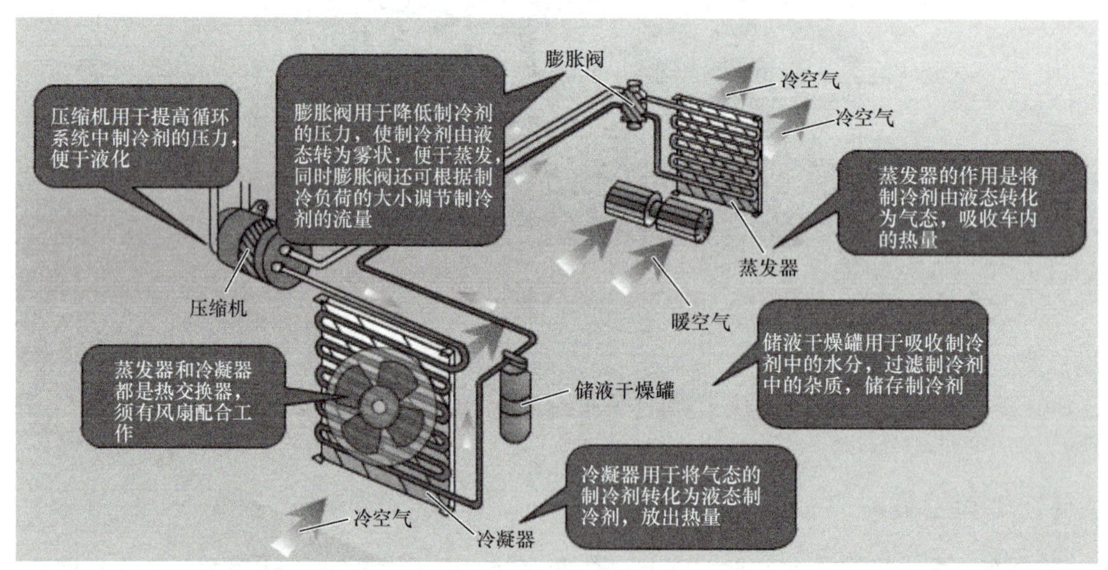

图 4-23　空调制冷系统的制冷原理示意图

2. 汽车空调的分类

（1）按照控制方式分类　根据控制方式的不同，汽车空调可以分为手动空调和自动空调。

1）手动空调需要驾驶员手动通过旋钮或拨杆对冷/热风的温度和风量进行粗略的分级调节，不能设定车内空调的具体温度。手动空调调节面板如图 4-24 所示。

2）自动空调只需驾驶员输入目标温度，根据已设定的温度自动调节从而保持车内温度的恒定。自动空调的功能包括车内温度和湿度的自动调节、回风和送风模式的自动控制以及运转方式和换气量的控制等。另外，自动空调有自检装置，可以及早发现故障隐患。自动空调控制面板如图 4-25 所示。

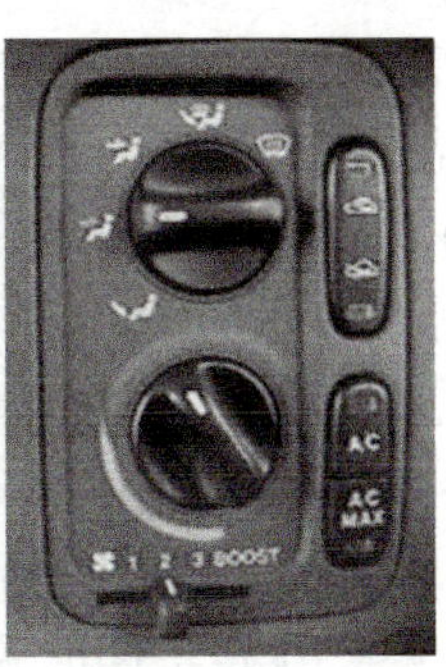

图 4-24 手动空调调节面板

图 4-25 自动空调控制面板

（2）按照控制区域分类 根据控制区域的不同，汽车空调可分为全区空调、温度分区控制空调和后排独立空调等。

1）一般轿车上配置的都是全区空调，该空调可以统一控制，将空气从不同的出风口（如图 4-26）送出。后排空调出风口一般安装在前排座椅的中央扶手后面，也有处于 B 柱位置的。它主要解决了前、后排乘客对汽车空调需求冷热不均的问题，有助于全车乘客都能享受到空调的功用。而且在必要时，甚至可以单独关闭前排空调出风口或者后排空调出风口来满足不同体质乘员的需求。

图 4-26 空调出风口

2）而在一些高档车上，为了满足车内不同位置上成员对车内空气温度情况的不同要求，往往将车内空间划分为几个独立的温区，如图 4-27 所示的各个独立的温区可以进行不同的温度调节。空调温度分区控制面板如图 4-28 所示。

图 4-27　空调温度分区控制示意图

3）后排独立空调是指后排座椅可与前排座椅一样，设定不同的温度，调节控制出风量的大小。一些高档轿车，为了照顾到后排乘客，增加了后排独立空调，其出风口位置一般在前座中央扶手后侧、前座椅下面、车顶、B 柱及 C 柱等位置。后排独立空调控制面板如图 4-29 所示。

图 4-28　空调温度分区控制面板

二、汽车的降噪设施

1. 汽车的噪声与危害

汽车噪声主要包括：发动机的机械噪声、燃烧噪声、进排气噪声和风扇噪声、底盘的机械噪声、制动噪声和轮胎噪声、车厢振动噪声、喇叭噪声等。

噪声的危害是多方面的，会影响人的大脑活动、睡眠，使人产生烦躁、反应迟钝，工作效率降低，分散注意力，引起工作事故，更严重的情况是噪声可使人的听力和健康受到损害。噪声的强度越大，频率越高、作用时间越长则危害越严重。统计资料表明，80dB（A）以下的噪声不会引起噪声性耳聋；80～85dB（A）的噪声会造成轻微的听力损伤；85～100dB（A）的噪声会造成一定数量的噪声性耳聋；而在 100dB（A）以上时，会造成相当大数量的噪声性耳聋。人在没有思想准备的情况下，强度极高的爆震性噪声

图 4-29　后排独立空调控制面板

可使听力在一瞬间永久丧失，即产生爆震性耳聋，人的听觉器官将遭受严重的创伤。所以，汽车的噪声不但会增加驾乘人员的疲劳，而且会影响汽车的行驶安全。

2. 汽车噪声的控制手段

（1）机械噪声控制　从机械原理出发的噪声控制，主要取决于汽车的研发和生产组装等环节，一般是在车辆出厂之前采取的降噪措施。在汽车生产中经常运用的机械噪声控制方法有：提高零部件加工精度和装配质量、设计零部件的最佳形状、采用高强度塑料机件、使用能起到减振阻尼作用的零部件、选择零部件合适的运动速度和传动比等。

在后期的使用和维护过程中，避免机械设备和车辆的空载和超载，选用好的润滑油脂，都可以减轻噪声。

（2）声学噪声控制　声学噪声控制的方法主要包括吸声、隔声、减振和密封等。对于汽车噪声控制来说，由于发动机、排气管、轮胎等引发噪声的部件在车辆出厂的时候就定型了，因此各部件的设计水平和组装工艺就决定了噪声的大小，此后就需要通过在发动机盖、发动机防火墙、车门、行李箱、车顶、地板、翼子板等部位使用吸声棉、隔声加厚板材、减振材料等方法进行汽车隔声降噪处理，从而降低噪声，如图 4-30 所示。

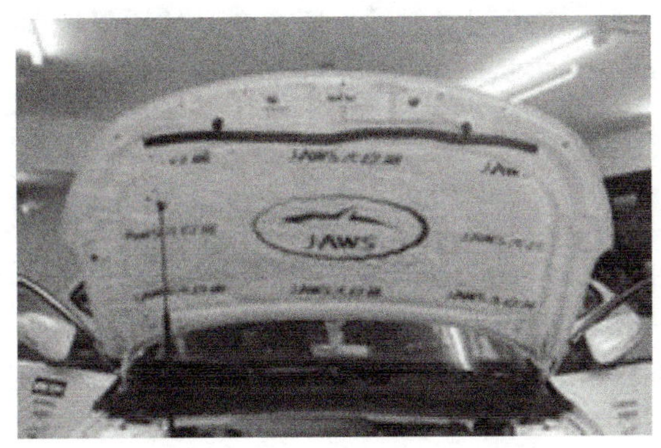

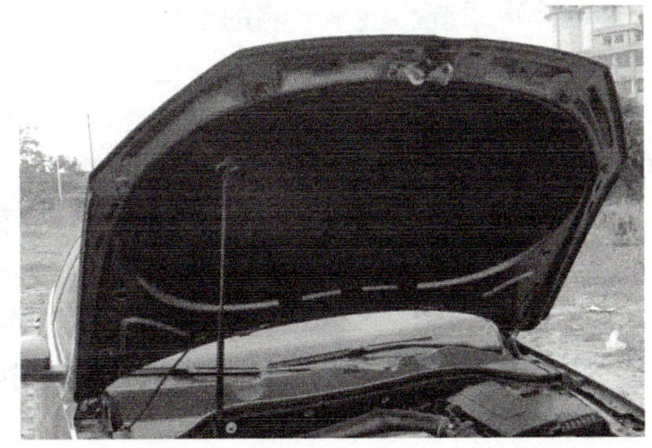

图 4-30　内层安装隔声材料的发动机盖

三、汽车音响

在驾乘过程中，收听交通路况、听 CD、看 DVD 都会使用到汽车音响。汽车音响是必要的娱乐放松设备，它已经成为衡量现代轿车档次的标准之一。

1. 汽车音响的安装尺寸

轿车上的音响绝大多数安装在仪表板或副仪表板的位置上，国际上通用的安装孔标准尺寸是 DIN（德国工业标准）尺寸，如图 4-31 所示。标准的 DIN 尺寸为 178mm × 50mm × 153mm（长 × 宽 × 深）。有些比较高级的汽车音响主机带有多碟 CD 音响等装置，安装孔尺寸为 178mm × 100mm × 153mm，又称为 2 倍 DIN 尺寸，多见于日产机型。而有个别品牌的轿车，其音响主机属于非标准尺寸，只能指定安装某种型号的汽车音响。

2. 汽车音响的关键技术

（1）避振技术　汽车的振动比较大，音响系统的安装技术要追求高稳定性和高可靠性。因此汽车音响具有以下的特点：汽车磁带放音部分多采用横向放置方式，上下卡紧以保证稳

图 4-31　汽车音响的安装尺寸

定放音；采用优质的陶瓷涂层的坡莫合金磁头，令音质与耐久性都有保障；CD 部分采用多级减振方法，要求电路板上的元件焊接绝对可靠。

（2）音质的处理技术　汽车音响的音质处理已向数码技术发展。高级汽车音响带有 DAT 数码音响、DSP（数码信号处理器）、MP3 技术等，形成了数字化、逻辑化、大功率的 Hi-Fi 立体声系统。汽车音响的音质优劣除了取决于主机配置之外，还有喇叭的质量也起到非常重要的因素。有人认为，在一般的汽车音响中，喇叭至少应占总成本的一半以上。因为制造优质的喇叭需要复杂的技术，价格不菲但其产生的高低音效果往往是普通喇叭无法达到的。所以，轿车音响的喇叭一般是比较讲究的，尤其是多路分频喇叭更是如此。

轿车车厢空间有限，汽车音响喇叭是不可能带大音箱的，这就需要因地制宜地利用仪表台、车门、后围隔板等部件与喇叭有机地结合起来，形成一种类似音箱的构造原理，消除声波的相互叠加现象。当然，喇叭的安装位置往往影响着汽车音响的音质效果，同一对喇叭在不同的安装位置就会产生不同的效果，因此中高级轿车音响喇叭的安装位置要经过多种测试后才能确定下来的。

（3）抗干扰技术　汽车音响处在一个非常复杂的环境中，它随时受到汽车发动机点火装置及各种用电设备的电磁干扰，尤其是车上所有电器都用一个蓄电池，更会通过电源线及其他线路对音响产生干扰。汽车音响的防干扰技术就分别对电源线的干扰采用扼流圈串接在电源与音响之间进行滤波；对空间辐射干扰采用金属外壳密封屏蔽；在音箱中专门安装抗干扰的集成电路，用以降低外界的噪声干扰。

四、车内灯光

1. 车内灯光的构成

汽车内部的灯光包括仪表照明灯（见图 4-32）、阅读灯（见图 4-33）、化妆镜灯（见图 4-34）、常用部位照明灯和氛围灯等。

中高档汽车很多在其内部增加了常用部位的照明灯，如迎宾灯（见图 4-35）、门把手照明灯、发动机起动钥匙孔照明灯、杂物箱照明灯和杯架照明灯等，可以为用户在夜间行车的情况下提供所需的操作指示，避免误操作的几率，为用户提供无障碍的操作环境和愉快的驾驶环境。

图 4-32　仪表照明灯

图 4-33　阅读灯

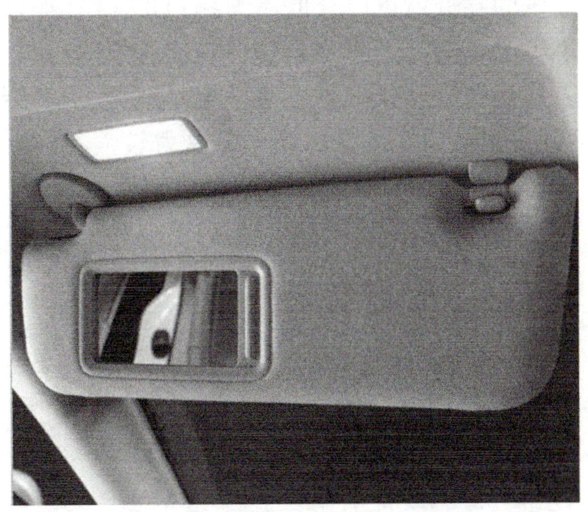

图 4-34　化妆镜灯

如图 4-36 所示，在一些高端品牌的车型中，在车厢内部会增加氛围灯的配置，通常有红色、蓝色、绿色等，主要为了增强车内空间环境氛围及灯光视觉效果，增加用户驾驶环境的舒适性。

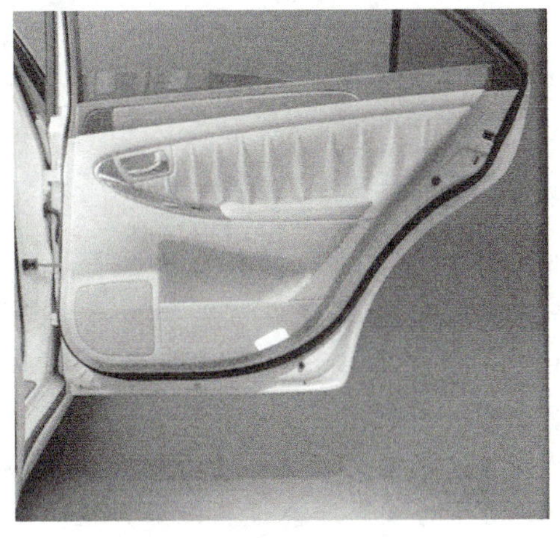

图 4-35　迎宾灯

图 4-36　车内氛围灯

2. 车内灯光的要求

车内灯光与车外前照灯的灯光不同，应能够适应驾乘人员在驾驶和乘坐时的需求，为车内乘客提供舒缓的空间氛围；同时又能保证其不影响驾驶安全性。这其中，以仪表照明最为重要。

在照明设计中，光线如果直接进入用户的眼睛，用户就会产生眩光，而眩光会使用户因强烈的视觉刺激而出现不适，从而严重影响用户的驾驶安全性。所以，汽车仪表照明所需的光线需要以反射或者衍射的形式传到用户眼中，避免眩光产生，使照明度控制在人眼所能接受的视觉阈值之内。

LED 在当今汽车照明应用中被大量采用。LED 是一种易于控制的照明材料，通过调节电压的高低就可以获取不同颜色的 LED 照明，多数被集成在中控台面板的各种按键、旋钮中，以轮廓灯的形式出现。LED 发光指示简洁、清晰、友好。在汽车内部照明中，多数仪表灯光的设计越来越多地采用冷色调，与传统白炽灯的照明不同，舒适照明的设计多会采用 LED 灯光，因为 LED 灯光穿透力较强，能耗较低，色彩多样。

【活动实施】

一、自动空调介绍

F：这台车配备的是双温区独立控制自动空调系统。

A：空调控制面板（如图 4-37）按钮较大，操作非常便捷。空调出风口的分布（图 4-38）有利于空气流通和快速升降温度；可以比较准确地控制车内温度，运转噪声也很小，更重要的是它能在外循环的状态下很好地过滤车外空气中的异味。

图 4-37　空调控制面板

B：营造清新、舒适、惬意的车内环境，有利于驾乘人员的身体健康；而且在必要时，可以单独控制一侧空调，来满足不同体质乘员的需求，使全车乘员共享愉悦的旅程；空调系统的面板显示非常直观，操作起来也非常方便、快捷，不妨碍驾驶。

二、噪声控制效果介绍

F：这台车的噪声控制水平相当出色。发动机本身具备了优质的运转性能，噪声轻微；另外，在车底面周围、门周围及车顶和行李箱等部位还都采用了隔声性能优良的吸声减振材料，有效隔绝噪声，提高了车内静谧性。吸声减振材料在车上的分布如图 4-39 所示（见彩插）。

A：发动机运转安静，再加上出色、有效的隔声措施，无论是怠速还是行驶中车内都很安静，转速很高时车内也不会有太大的噪声。图 4-40 所示为某轿车怠速实测噪声值，图中显示的怠速时实测噪声为 43.4 分贝，仅为法规规定值的一半左右。

B：提供了舒适安静的车内环境，使您可以在高速行驶中轻松地欣赏音乐和进行谈话。

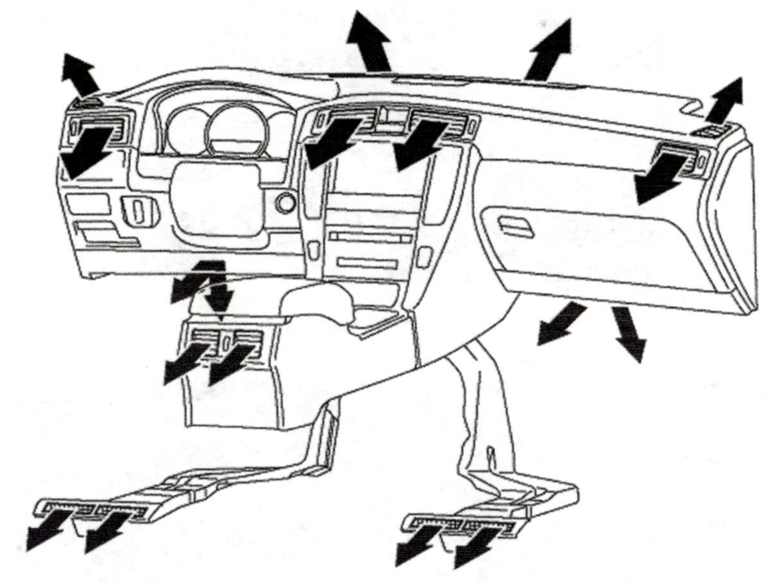

图 4-38 空调出风口的分布

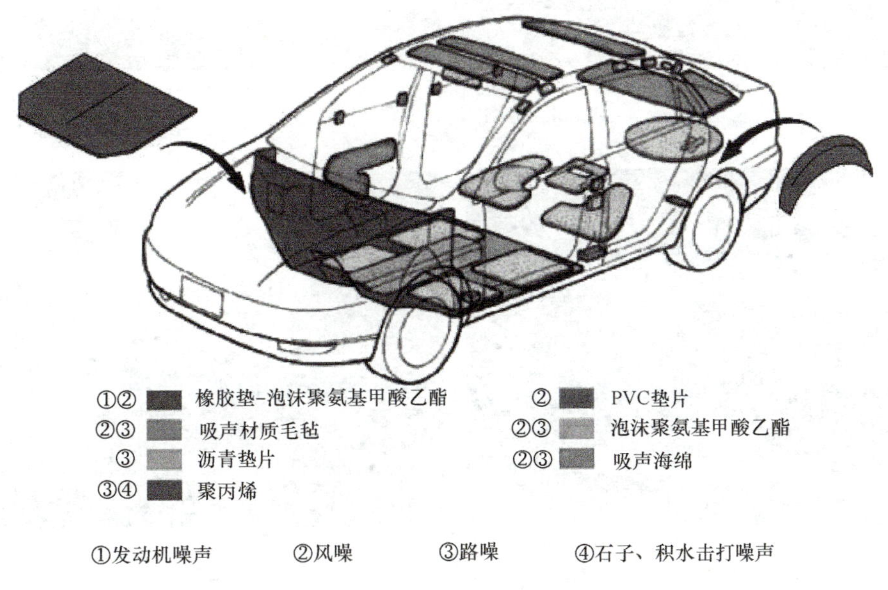

图 4-39 吸声减振材料在车上的分布

三、汽车音响介绍

F：这台车使用了世界知名的音响系统制造专家生产的高端音响品牌，效果非同凡响。

A：它的多碟连放的 CD 系统支持 MP3/WMA；装备有外接音源接口（AUX/USB/iPod 等）；超强的 8 喇叭扬声器系统（见图 4-41），营造出超凡的立体声效果；它还带有触摸屏、方向盘音响控制，操控非常方便（图 4-42）。

图 4-40　某轿车怠速实测噪声值

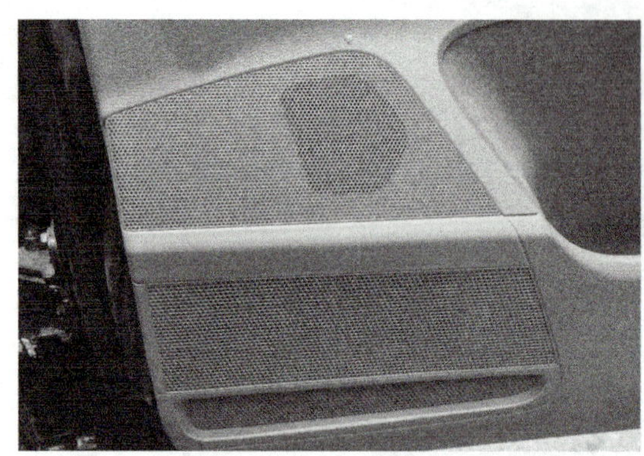

图 4-41　汽车扬声器

图 4-42　汽车音响的触摸屏控制界面与方向盘控制按钮

B：在驾驶过程中，您可以随心所欲地调节音响系统，它将给您带来强烈的低频震撼效果，还可以还原出音乐厅现场效果般的音质，使您体验到身临其境的美妙感觉。

四、车内灯光介绍

F：高亮度、辨识性能良好的自发光式仪表板（见图 4-43）；美观新颖的车内灯饰，展示出温馨典雅的静谧氛围。

A：全部光源都采用 LED 照明；如图 4-44 所示，布置在顶部的阅读灯照明充分，可让您感到舒适而不眩晕，车内反光镜下部的照明灯还可根据乘客乘坐位置的变化及姿态的变化

图 4-43 自发光式仪表板

而调节；设置在车门下部的迎宾灯设计十分贴心，如图 4-45 所示。

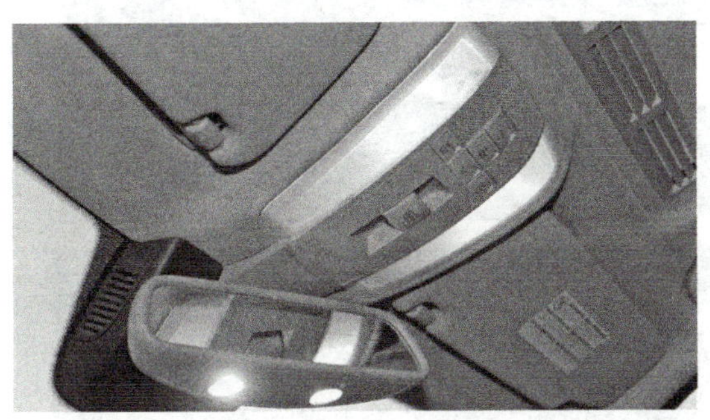

图 4-44 布置在顶部的阅读灯

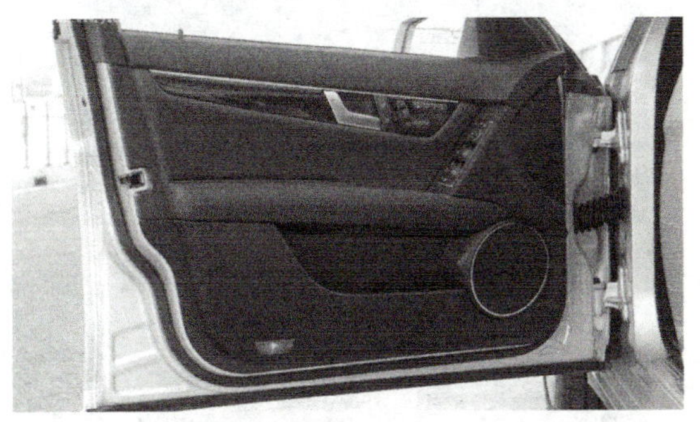

图 4-45 迎宾灯

B：它内部照明的性能十分出色，辨识度与美观性兼顾，关爱之心，无微不至。给您的驾乘体验又添一份温馨。

练习题 9

某轿车豪华导航版，发动机排量为 2.5L，配备 CVT，市场价格约为 26 万元，其部分内饰如图 4-46 所示。试向客户介绍其车内的环境，突出舒适性。该车配置有：全景天窗、防紫外线隔热玻璃、后排侧遮阳帘；自动空调分区控制（顶配为三区空调和负离子空气净化器）、独有集成在仪表板内的香氛扩散器；音响方面配有 8 扬声器、AUX-USB 外接音源接口、支持 MP3 和 CD 音频格式。

提示：

选择车辆时，喜欢观察和询问车内舒适性的客户一般比较细致、挑剔，有相当一部分因素是为乘员考虑。相比之下女性客户居多。

图 4-46　某轿车的部分内饰

项目五 汽车安全配置推介

【学习目标】

1. 知道汽车常用的各种安全配置及其特点。
2. 掌握汽车各种安全配置的作用和基本原理。
3. 能够向客户推介汽车的安全配置。

活动10 主动安全装置介绍

【活动描述】

某中级轿车，发动机排量为1.6L，手自一体变速器，市场价格约为16万元。在销售展厅内，某来店客户表现出对该轿车的安全性能比较关注。作为销售人员，要向客户推介该轿车各种安全装置。在本活动中，向客户介绍该轿车主动安全装置的特点、功能及使用注意事项等。

【知识准备】

一、汽车安全性能分类

汽车安全性能分为主动安全性和被动安全性。

1. 主动安全性能

主动安全性（Active Safety）也称为“一次安全性”，是指汽车防止或难于发生事故的性能。例如防抱死制动系统（ABS）、电子制动力分配（EBD）系统、动态稳定性控制系统（ESP或DSC或VSC）、牵引力控制系统（TCS或ASR或MAR）、制动辅助（BA）系统和安全灯光系统等，都属于主动安全装置。

2. 被动安全性能

被动安全性（Passive Safety）也称为“二次安全性”，是指汽车在不可避免的情况下，一旦出现事故时汽车本身具有保护乘员、行人不伤亡或减少伤亡的性能。例如安全玻璃、安全气囊、安全带、安全车身、乘员头颈保护系统和儿童安全座椅等，都属于被动安全装置。

二、常见汽车主动安全性能装置的构成与基本原理

1. 安全灯光系统

（1）随动转向照明灯　通常汽车上安装的前照灯具有固定的照射范围，当汽车在夜间弯道上转弯时，由于无法调节照明角度，常常会在弯道内侧出现盲区，这极大地威胁着驾驶员夜间驾车的安全性。如图 5-1 所示，随动转向前照灯能够根据行车速度、转向角度等自动调节前照灯灯光的偏转，以便能够提前照亮“未到达”的区域，提供全方位的安全照明，以确保驾驶员在任何时刻都拥有最佳的可见度。

随动转向功能使得光束随方向盘转动而转动（转弯时内侧灯的转动角度一般比外侧灯的转动角度大），光束宽度加大，特别在连续弯道上，弯道内侧照明更宽，照明范围更大，可照亮传统车灯照不到的盲区，以便驾驶员及时发现路上的障碍物和行人，提高了驾车的安全性。

图 5-1　随动转向照明灯的照射情况

有的轿车具有上下随动和左右随动功能，分别是指前照灯智能随动系统（AFS）和光轴自动调整系统（ALS）。在夜间转弯时，AFS 能根据车速以及方向盘转向角度，自动调整近光灯的照射中心，自动指向入弯处，确保弯道中的高能见度，如图 5-2 所示。与普通照明系统的照射情况相比，AFS 在车辆转弯时具有明显的优势，如图 5-3 所示。

AFS 功能的实现需要一整套完善的系统与之匹配以及必需的运动机构，即在灯组内安排一套运动机构来带动灯泡和灯杯转动，移动的时机以及幅度全部由 ECU 控制。ECU 会采集车速、方向盘转向角度等多方面信息，然后向传动机构发出指令让前照灯的光束按照具体的行车状况实时调整。

在后排负载较大、上坡等因素导致车身角度上扬时，光轴自动调整系统（ALS）自动调整照明灯的光轴倾角，避免光轴上扬对对面来车的驾驶员造成干扰，如图 5-4 所示。

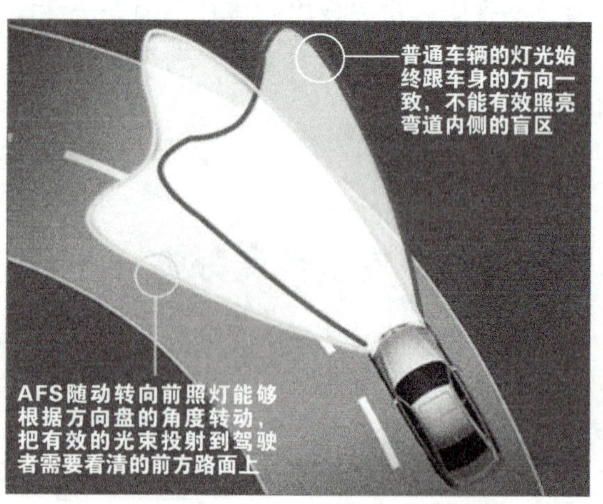

图 5-2　AFS 随动转向照明系统的照射情况

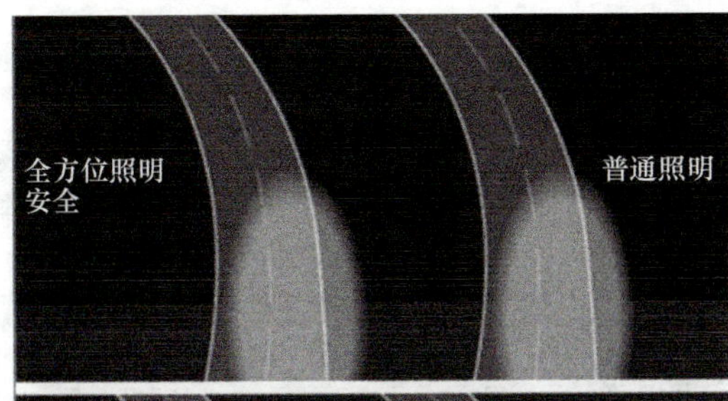

直线行驶时AFS前照灯跟普通的前照灯没有太大的区别

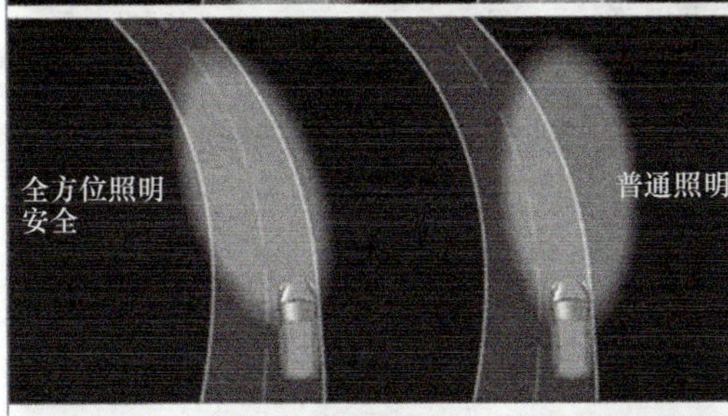

开始进入弯道后，AFS动作使光束往弯道内侧偏向，而普通前照灯相当部分光束被直射到弯道外面

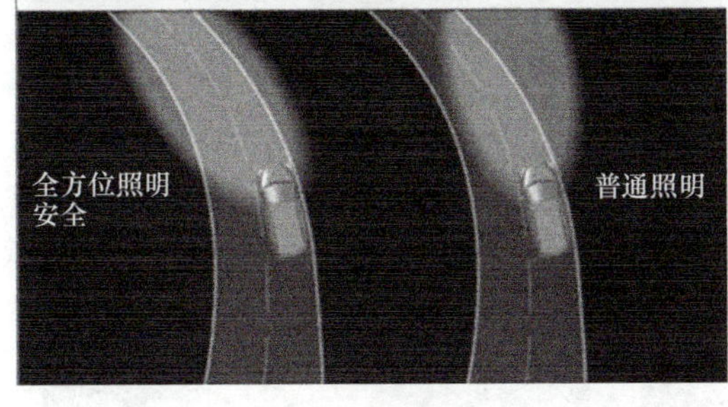

车辆到达弯心准备出弯时，AFS让驾驶员可以掌握更多的前方路面状况

图 5-3　随动转向照明系统（AFS）与普通照明系统的照射情况比较

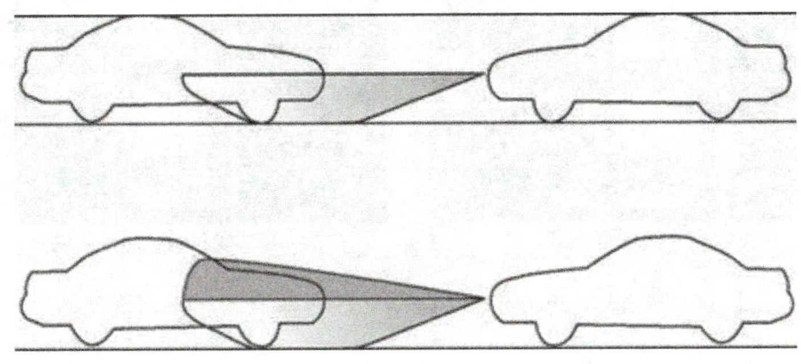

图 5-4　无/有光轴自动调整系统（ALS）的照射情况比较

（2）侧向辅助照明灯　侧向辅助照明灯的开发目的同样是照亮夜间弯道盲区，跟随动转向照明灯最大的不同在于工作的方式。随动转向照明灯是通过整体转动（移动）反光杯和灯泡来实现的，也就是需要在原来的远、近光灯组上加上一个运动机构。而侧向辅助照明系统则在前照灯里面设有一个特殊角度的小灯泡，专门用来照明弯道内侧，只有方向盘转动到一个特定的角度范围这个小灯泡才会闪亮，当小灯泡闪亮时便能提供弯道盲区的照明，如图 5-5 所示。

侧向辅助照明系统完全不需要影响原来的远、近光灯结构，即不改变原来前照灯的照射范围，只需匹配好辅助灯泡的角度和闪亮时机，在原来的基础上把弯内盲区照亮，比普通前照灯照明范围扩大很多，如图5-6所示。所以，相对而言，侧向辅助照明系统的照明范围比随动转向照明系统更广。

(3) 高位制动灯　高位制动灯一般安装在车尾上部，以便后面行驶的车辆易于发现前方车辆制动，起到防止追尾事故发生的作用，如图5-7所示。由于一般汽车已有两个制动灯安装在车尾两端，一左一右，所以高位制动灯也称为第三制动灯。

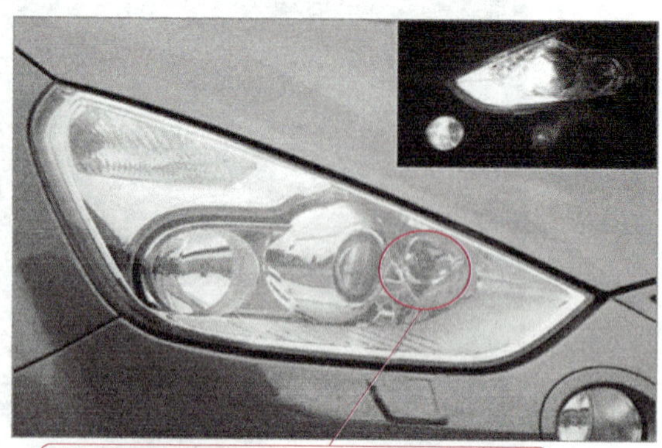

图5-5　侧向辅助照明灯

没有高位制动灯的车辆，尤其是底盘较低的轿车和微型汽车，在制动时由于后制动灯位置较低，通常其灯光的亮度也不够，其后面跟随行驶的车辆（特别是底盘较高的货车、客车和公共汽车）的驾驶员有时很难看清楚，因此发生追尾事故的隐患也就比较大。

普通前照灯

侧向辅助照明系统

图5-6　普通前照灯与有侧向辅助照明系统的照射情况比较

大量研究调查结果证明，高位制动灯能够有效地防止和减少汽车追尾事故的发生。因此，高位制动灯在许多发达国家得到了广泛的应用。例如在美国，按照法规要求从1986年开始所有新销售的轿车都必须装备高位制动灯；从1994年开始所有销售的轻型货车也必须安装高位制动灯。

2. 防抱死制动系统（ABS）

ABS，其英文全称为 Anti-lock Break

图5-7　高位刹车灯

System，中文译名为防抱死制动系统。该系统可在汽车制动情况下车轮即将锁死时，1s 内连续制动 60～120 次，有点类似于机械式“点制动”。这样便可以有效避免紧急制动时方向失控或车轮侧滑，同时由于车轮在制动时不会被锁死，轮胎不在一个点上与地面发生摩擦，因而加大了摩擦力，使制动效率达到 90% 以上。

防抱死制动系统（ABS）分机械式和电子式两种。机械式 ABS 结构简单，主要利用其自身内部的结构达到简单调节制动力的效果，没有传感器来反馈路面摩擦力和轮速等信号，完全依靠预先设定的数据来工作，因此在任何路面情况下它的工作方式都是一样的，目前国内只有一些低端的轻型货车等车型仍在使用机械式 ABS。电子式 ABS 则由液压制动系统、车轮转速传感器、电子控制器和电磁调节器等部件组成，其工作原理就是由轮速传感器监测车轮的转速，监测到的信号汇集到电子控制器内进行分析。一旦监测到车轮快要抱死时，电子控制器会发出指令给电磁调节器，由它控制油压分配阀调节各个车轮的制动轮缸，以“一放一收”的点放形式来控制制动摩擦片，解除车轮的抱死现象。

3. 电子制动力分配系统（EBD）

EBD 又名 EBFD，全称为 Electronic Brake-Force Distribution，中文译为电子制动力分配系统。该系统可根据车况、路况以及制动状态，动态地向四个车轮分配制动力，属于电子主动式安全系统，它实际上是 ABS 的一种辅助功能。

EBD 能够根据汽车制动时产生轴荷转移的不同而自动调节前、后轴的制动力分配比例，提高了车辆的制动效能，并配合 ABS 提高了车辆的制动稳定性。汽车在制动时，四个车轮附着的地面条件往往不一样。比如，有时左前轮和右后轮附着在干燥的水泥地面上，而右前轮和左后轮却附着在水中或泥水中，这种情况会导致在汽车制动时四个车轮与地面之间的摩擦力不一样，制动时容易造成打滑、倾斜和车辆侧翻事故。EBD 用 ECU 在汽车制动的瞬间分别对四个车轮附着的不同地面进行感应、计算，得出不同的摩擦力数值，使四个车轮的制动装置根据不同的情况用不同的方式和力量进行制动，并在运动中不断进行高速调整，从而保证车辆的平稳、安全。

驾驶员踩下制动踏板，此时 EBD 开始工作；整车质量传感器把整车质量计算出后提交给 ECU；车轮传感器把当前四轮转速、摩擦力等信息采集后传送至 ECU；ECU 在收到数据后，通过运算模块计算出每个车轮应该分配的制动压力；制动力分配器起动，通知 ABS 待命（必要时刻起动 ABS）；制动开始。

简单点说，就是当汽车制动时，如果四个车轮附着地面的条件不同，比如左侧轮附着在湿滑路面上，而右侧轮附着于干燥路面，那么四个车轮与地面之间的摩擦力则不同，制动时（四个车轮的制动力相同）就容易产生打滑、倾斜和侧翻等现象，而 EBD 系统则会在此时及时调整每个车轮的制动压力，从而确保车辆能够有效、平稳地减速。

4. 驱动防滑系统（ASR/TRC/MSR/MASR）

ASR、TCS、MSR、MASR 这几种形式是不同车型对驱动防滑系统的称谓缩写，其基本含义是类似的。

1）ASR（Acceleration Slip Regulation）系统，中文意思为汽车加速驱动防滑系统。

ASR 系统是在 ABS 基础上进一步拓展的又一种汽车安全装置，该系统的产生使汽车的安全性能得到了进一步提高。ASR 系统的功能是防止汽车在起步或加速时驱动轮打滑，特别是防止汽车在非对称路面或转弯时驱动轮空转及在冰、雪、积水、泥等路况下的行车安全。ASR 系统的功能须在 ABS 基础上增加相应的软件和部件就可以实现，并形成 ABS/ASR 系统。

2）TCS（Traction Control System），即驱动力控制系统（也可缩写为 TRC）。

汽车在光滑路面制动时，车轮会打滑，甚至使方向失控。同样，汽车在起步或急加速时，驱动轮也有可能打滑，在冰、雪等光滑路面上还会使方向失控而出现危险，TCS 就是针对此问题而设计的。TCS 依靠电子传感器探测到从动轮速度低于驱动轮时（这是打滑的特征），就会发出一个信号，调节点火时间、减小节气门开度、减小加速踏板力、降挡或制动车轮，从而使车轮不再打滑。TCS 可以提高汽车的行驶稳定性、加速性能和爬坡能力，如果与 ABS 相互配合使用，将进一步增强汽车的安全性能。TCS 与 ABS 可共用车轴上的轮速传感器，并与行车电脑连接，不断监视各轮的转速，当在低速发现打滑时，TCS 会立刻通知 ABS 动作来减小此车轮的打滑。若在高速发现打滑时，TCS 会立即向行车电脑发出指令，指示发动机降速或变速器降挡，使打滑车轮不再打滑，防止车辆失控甩尾。利用行车电脑检测四个车轮的速度和转向盘转向角度，当汽车加速时，如果检测到驱动轮和非驱动轮转速差过大，行车电脑立即判断驱动力过大，发出指令信号减少发动机的供油量，降低驱动力，从而减小驱动轮轮胎的滑转率。

3）MSR（Motor control Slide Retainer）系统，即发动机阻力矩控制系统（也称为加速防滑系统）。

在某些特殊情况（在高速时换挡或在低附着系数路面上行驶时突然松开加速踏板）下，发动机会产生较大的阻力矩导致车辆不稳定甚至打滑，这时 MSR 系统能自动减小发动机阻力矩，保证车辆行驶的稳定性。MSR 系统是防止发动机突然出现较大阻力后驱动轮路面附着系数突然下降的功能，比如你在雪地里，突然松开加速踏板，MSR 系统会控制发动机不让牵引力下降得太快，保证车辆的行驶稳定性。

4）MASR（Motoreingriffs Antriebs Schlupf Regelsystem /Engine intervention Traction Control System）系统，即仅发动机介入的驱动力控制系统，是汽车加速驱动防滑系统的一部分功能。

车辆在湿滑路面条件下，尤其在冰、雪路面上转弯、起步和加速的情况下，过高的发动机动力输出会导致驱动轮打滑进而导致车辆行驶不稳定。MASR 系统通过 CAN 数据总线与发动机建立通信联系，当车辆在附着条件较差的路面上起步或加速时，MASR 系统自动减小发动机转矩，干预发动机的动力输出，以防止驱动轮的滑转，进而改善车辆的起步和加速性能及行驶稳定性。

MASR 系统（属于电子安全系统）的功能与驱动力控制系统十分相近，目前主要应用在大众旗下的车型上，同样是 ABS 的功能扩展。MASR 系统的作用是借助 ABS 传感器对滑移率进行识别，并借助车辆数据总线自动减小发动机阻力矩，达到降低滑移率的目的，从而保证车辆行驶的稳定性。另外，当车辆在附着条件较差的路面上起步或加速时，MASR 系统可以自动减小发动机转矩，以防止驱动轮打滑，使车辆平稳起步。

5. 电子差速锁（EDS）

EDS 即电子差速锁，英文全称为 Electronic Differential System，又称为 EDL（Electronic Differential Locking Traction Control）。它是 ABS 的一种扩展功能，用于鉴别汽车的车轮是否失去了着地摩擦力，从而对汽车的加速打滑进行控制。

6. 电控动力转向系统（EPS）

Electronic Power Steering 简称 EPS，由转向机和带有控制器的电动机组成。利用电动机产生的动力协助驾驶员进行动力转向。该动力转向系统属于主动式转向系统，它通过 CAN 数据总线接收行驶速度、方向盘转动力矩以及方向盘转向角度等数据信号，并作出最佳的反应。该系统故障率低，能耗低，噪声低，能够根据车速的不同提供不同的助力，大大提高了车辆驾驶和转向的稳定性，低速时轻便，高速时更安全，实现了操控、舒适与安全的完美结合。液压动力转向系统的效率一般在 60% ~70%，而 EPS 的效率较高，可达 90% 以上。

该系统由电动机直接提供转向助力，省去了液压助力转向系统所必需的动力转向油泵、软管、液压油、传送带和装在发动机上的带轮。

由于发动机运转时，液压泵始终处于工作状态，液压转向系统使整个发动机燃油消耗量增加 3% ~5%，而 EPS 以蓄电池为能源，以电动机作为动力元件，可独立于发动机工作，因此几乎不直接消耗发动机燃油。EPS 不存在液压动力转向系统的燃油泄漏问题，它通过电子程序进行控制，对环境几乎没有污染，更降低了油耗。

7. 电子稳定程序（ESP）

ESP 是英文 Electronic Stability Program 的缩写，中文译成电子稳定程序。它综合了 ABS（防抱死制动系统）、BAS（制动辅助系统）和 ASR（加速防滑控制系统）三个系统，功能更为强大。这一组系统通常是支援 ABS 及 ASR（驱动防滑系统，又称为牵引力控制系统）的功能。它通过对从各传感器传来的车辆行驶状态信息进行分析，然后向 ABS、ASR 系统发出纠偏指令，来帮助车辆维持动态平衡。ESP 可以使车辆在各种状况下保持最佳的稳定性，在转向过度或转向不足的情形下效果更加明显。

ESP 一般需要安装转向传感器、车轮传感器、侧滑传感器及横向加速度传感器等。目前 ESP 有三种类型：能向 4 个车轮独立施加制动力的四通道或四轮系统；能对两个前轮独立施加制动力的双通道系统；能对两个前轮独立施加制动力和对后轮同时施加制动力的三通道系统。

当汽车发生转向不足时，车身表现为向弯外推进，此时 ESP 系统将通过对左后轮的制动来避免车辆陷入险境；而当汽车发生转向过度时，ESP 系统则通过对右前轮的制动来纠正危险的行驶状态，如图 5-8 所示。

ESP 可以实时监控汽车行驶状态，必要时可自动向一个或多个车轮施加制动力，以保持车辆在正常的车道上运行，甚至在某些情况下可以进行 150 次/s 的制动，而

无ESP转向过度

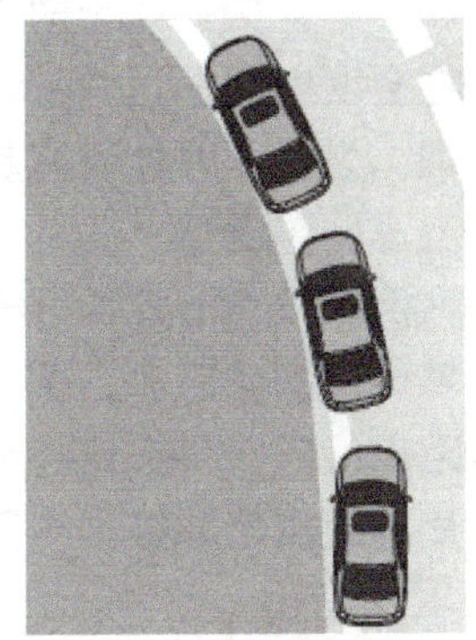
有ESP转向正常

无ESP转向不足

有ESP转向正常

图 5-8 ESP 在弯道上的效果

且它还可以主动调控发动机的转速并可调整每个轮子的驱动力和制动力，以修正汽车的过度转向和转向不足。ESP 还有一个实时警示功能，当驾驶员操作不当和路面异常时，它会用警告灯警示驾驶员。

在 ABS、BAS 及 ASR 三个系统的共同作用下，ESP 最大限度地保证汽车不跑偏、不甩尾、不侧翻。据统计，有 25% 导致严重人员伤亡的交通事故是由侧滑引起的，更有 60% 的致命交通事故是因侧面撞击而引起的，其主要原因就是车辆发生了侧滑，而 ESP 能有效降低车辆侧滑的危险，从而减少交通事故的数量。

8. 倒车雷达（PDC）

PDC 是 Parking Distance Control 的缩写，即泊车距离控制，又称为泊车辅助系统，或称为倒车电脑警示系统。

倒车雷达是根据蝙蝠在黑夜里高速飞行而不会与任何障碍物相撞的原理设计开发的。根据不同价格和品牌，探头有 2、3、4、6、8、10、12 只不等，主要在前、后保险杠上安装。探头能够以最大水平 120°、垂直 70°的范围辐射，上下左右搜寻目标。它最大的好处是能探索到那些低于保险杠而驾驶员从后窗难以看见的障碍物，并报警，如花坛、路肩以及蹲在车后玩耍的小孩等。

变速杆挂入倒挡时，倒车雷达自动开始工作，测距范围达 0.2～1.8m，因此在停车时对驾驶员很实用。从整体上来说，超声波探头可以分为两大类：一是用电气方式产生超声波，二是用机械方式产生超声波。鉴于目前较为常用的是压电式超声波发生器，它有两个压电晶片和一个共振板，当两极外加脉冲信号，其频率等于压电晶片的固有振荡频率时，两压力晶片将会发生共振，并带动共振板振动，进而将机械能转为电信号，这就是超声波探头的工作原理。为了更好地研究超声波和利用起来，人们已经设计和制造出很多超声波发声器，使用在汽车倒车雷达上。

倒车雷达有几部分构成：超声波传感器，用于发射以及接收超声波信号，通过超声波传感器可以测量距离；主机，发射正弦波脉冲给超声波传感器，并处理其接收到的信号，换算出距离值后，将数据与显示器通信；显示器或蜂鸣器，接收主机距离数据，并根据距离的远近显示距离值和提供不同级别的距离报警声。

【活动实施】

一、主动式随动转向氙气前照灯介绍

主动式随动转向氙气前照灯的外观如图 5-9 所示。

1. 动态转向辅助照明系统（AFS）

F：这台车装备的动态转向辅助照明系统（AFS），能在当速度大于 15km/h 时，根据转弯角度和车辆的行驶速度，自动将前照灯向弯角内侧偏转。

A：它的内侧前照灯最多向弯角内侧偏转 15°，外侧前照灯最多向弯角内侧偏转 7.5°。

B：这样使您在转弯时更容易看清前方弯道内侧的路况，提早作出判断，避免危险的发生。

2. 低速转角加强照明

F：在较低车速下（约小于 40km/h），当驾驶员转动方向盘，转角辅助照明将自动

起动。

A：转角辅助照明在原来前照灯照射范围的基础上，用辅助灯泡把弯内盲区照亮，它的照明范围更广，可为转向一侧车身近处（30°~60°）范围内提供照明。

B：特别适合您在慢速转弯或在照明较差的十字路口转弯时使用，可以有效提升车辆的行驶安全性。

图 5-9　主动式随动转向氙气前照灯的外观

3. 前照灯水平照射高度自动调节（ALS）

F：因为前后排乘客数量、携带行李的不定，以及恶劣路况等多种复杂行驶状态，车体可能向前或向后微微倾斜，引起前照灯水平照射角度的变化。前照灯水平照射高度自动调节系统（ALS）可以在此时调整水平照射高度。

A：依托在悬架上的精确传感器，前照灯水平照射高度自动调节系统 ALS 可以根据前车灯与路面之间的角度变化，自动调整水平照射高度，其中向上偏转最多可达 2°，向下偏转最多可达 4°。

B：能避免光轴上扬对对面来车驾驶员的干扰，也能在车体向下倾斜时对前下方路面进行良好的照明，使您夜间安全行车又多了一重保障。

二、多重主动安全系统介绍

F：这台车拥有无与伦比的多重主动安全系统，它是 ABS + EBD + MSR + MASR 的超强组合，而不是单薄的某一种装置。

A：制动防抱死系统（ABS）避免紧急制动时车轮抱死，使车辆在紧急制动时仍然具有转向操控能力，从而避免车辆在制动时的侧滑和甩尾。电子制动力分配（EBD）系统对每只轮胎的制动力进行独立分配，并且根据道路的变化不断进行高速调整，从而保证车辆的平稳、安全。

发动机阻力矩控制（MSR）系统借助 ABS 传感器对滑移率进行识别，并借助 CAN 数据总线自动减小发动机阻力矩，从而降低了滑移率，保证了车辆的行驶稳定性。

发动机介入的驱动力控制（MASR）系统可以在必要时自动调整发动机转矩，防止车辆在加速时因驱动轮打滑而产生滑转，从而改善车辆的起步和加速性能，提高了车辆的行驶稳定性和安全性。

B：多重主动安全系统对传统各自为政的系统功能进行统一管理，在危险发生之前即对车辆实行全方位控制，使车辆的加速、转向、制动等运动性能和预防安全性能得到前所未有的提升，实现了单一功能独立运作所无法比拟的更细腻的动态安全管理。

三、坡道辅助控制（HHC）介绍

坡道辅助控制（HHC）如图 5-10 所示。

F：坡道辅助控制是对 ESP 系统的软件功能扩展，主要用来帮助您在坡道上起步。

A：您可以在不拉驻车制动杆的情况下坡上起步，抬开制动踏板时，车辆将会继续保持

制动2s，给您留出“倒脚”（由制动踏板转向加速踏板）的充裕时间，使您不至于手忙脚乱，轻松做到“坡起不溜车”。

B：有了它之后，无论是上、下班代步还是周末自驾游，对您来说都多出了一重保障；不管是地下车库、高架斜坡还是崎岖山路，在坡道起步、频繁停车-起步、驻车等情况下都能轻松应对，安全、平稳地起步向前，而不用担心车辆向后滑移，提高了车辆驾驶的舒适和便利性。

图5-10　坡道辅助控制（HHC）

四、轮胎气压监测系统介绍

处于轮胎气压监测系统监测之下的轮胎如图5-11所示。

F：轮胎漏气会导致车轮滚动半径发生改变，轮胎气压监测系统通过对前、后轮胎的转速变化情况识别轮胎是否有慢漏气的情况。

A：当车轮全部充气完毕后，按下中控台上的重置按钮再行驶一段距离，此时每个车轮的相对旋转情况便会被存储在该系统中。随后当一条轮胎的胎压相对于其他轮胎发生异常变化而导致车轮转速发生变化时，仪表面板上的指示灯便会闪亮来提醒车主注意。

图5-11　处于轮胎气压监测系统监测之下的轮胎

B：这样的装置，免除了您的后顾之忧，可以在第一时间引起您的警觉并及时将车辆送修，有效防止了由于轮胎漏气或爆胎而引起危险事故的发生。

五、其他附件介绍

1. 电子自动调节防眩目内后视镜

防眩目内后视镜外观如图5-12所示。

F：电子自动调节防眩目内后视镜能自动感知光线的强弱，并作出相应的调节。

A：它可以将强光有效地吸收并降低光线的强度，使反射出来的光线变得柔和。

B：这样使您在夜晚行车时，不必担心后车的照射灯光对您造成视线的干扰，从而使得在夜间行车的安全性得到有效的提升。

图5-12　防眩目内后视镜的外观

2. 气动无骨安全刮水器和雨量传感器

气动无骨安全刮水器和雨量传感器外观如图5-13所示。

F：该车装备了雨量感应式自动刮水器。

A：通过雨量传感器探知雨量大小，可依照雨势自动调节刮水器的工作频率和时间，与

天气状况完全同步。优化的结构设计能极大地降低刮水器在高速行驶时产生的风切声。无骨刮水器采用了优质的材料，不但能有效降低工作噪声，而且能将风窗玻璃刷得干净利落、不留任何疏漏之处。

B：免除了需要根据雨量大小不断手动调节刮水器速度的烦恼，减轻了您雨天驾车时的驾驶负担，让您在雨中驾驶时眼前的一切清晰可辨，可以专注于前方道路，驾车更加舒适从容。

图 5-13 气动无骨安全刮水器和雨量传感器

3. 数字式无盲区 PDC 倒车雷达

数字式无盲区 PDC 倒车雷达的外观如图 5-14 所示。

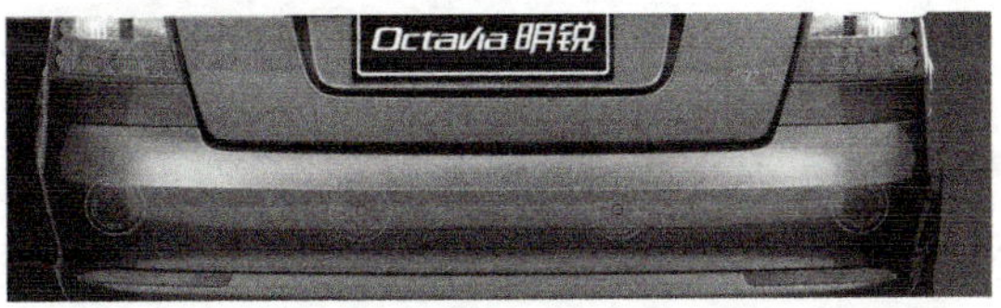

图 5-14 数字式无盲区 PDC 倒车雷达的外观

F：本车配备了自动起动倒车雷达，无需回头便可知车后有无障碍物。

A：数字式传感器设计，真正做到了无盲区探测。当挂入倒挡后，PDC 系统即自动起动，内嵌在车后保险杠上的 4 个超声波传感器开始探测后方的障碍物。当距离障碍物 1.2m 时，报警系统就会发出“嘀嘀”声，随着障碍物的靠近，“嘀嘀”声的频率增加，当汽车与障碍物的间距小于 0.3m 时，“嘀嘀”声将转变成连续声。精细加工的传感器表面，使之与车融为一体，美观大方。

B：解除了您在泊车和起动车辆时前、后、左、右探视所引起的困扰，并帮助您扫除了视野死角和视线模糊的缺陷，提高了车辆驾驶的安全性。

练习题 10

某轿车，发动机排量为 2.0L，6 挡双离合炫动款变速器，市场价格约为 22 万元，其外观如图 5-15 所示。试向客户介绍其主动安全功能。该车型主动安全装置包括主动式氙气前照灯、倒车雷达、ABS + EBD、动态稳定和牵引力控制（DSTC）系统等。

提示：

安全配置关乎驾乘人员的生命，介绍车辆时尤其要把握好 FAB 原则，本车型在安全性能方面所具有的优秀血统和上佳口碑是最佳卖点。

图 5-15　某轿车的外观

活动11　被动安全装置介绍

【活动描述】

某中级轿车，发动机排量为 1.6L，手自一体变速器，市场价格约为 16 万元。在销售展厅内，某来店客户表现出对该轿车的安全性能比较关注。作为销售人员，要向客户推介该轿车的各种安全装置。在本活动中，向客户介绍该轿车被动安全装置的特点、功能及使用注意事项等。

【知识准备】

被动安全性是指汽车在发生事故时，汽车本身具有保护乘员、行人不伤亡或减少伤亡的性能。

一、常见汽车被动安全性能装置的构成与基本原理

1. 安全车身

(1) 车身　车身指的是车辆用来载人、装货的部分，也指车辆整体。汽车车身应为驾驶员提供便利的工作条件，为乘员提供舒适的乘坐条件，保护他们免受汽车行驶时的振动、噪声、废气的侵袭以及外界恶劣气候的影响，并保证完好无损地运载货物且装卸方便。汽车车身上的一些结构措施和设备还有助于安全行车和减轻事故的后果。

车身应保证汽车具有合理的外部形状，在汽车行驶时能有效地引导周围的气流，以减少空气阻力和燃料消耗。此外，车身还应有助于提高汽车的行驶稳定性和改善发动机的冷却条件，并保证车身内部通风良好。

汽车车身结构主要包括车身壳体、车门、车窗、车前钣制件、车身内外装饰件和车身附件、座椅等。在货车和专用汽车上还包括车厢和其他装备。

车身壳体是一切车身部件的安装基础，如图 5-16 所示。它通常是指纵、横梁和支柱等主要承力元件，以及与它们相连接的钣制件共同组成的刚性空间结构。客车车身多数具有明

显的骨架，而轿车车身和货车驾驶室则没有明显的骨架。车身壳体通常还包括在其上敷设的隔声、隔热、防振、防腐、密封等材料及涂层。

图 5-16　车身壳体

车门通过铰链安装在车身壳体上，其结构较复杂，是保证车身使用性能的重要部件；而这些钣制件形成了容纳发动机、车轮等部件的空间。

（2）车身的分类　车身一般可以分为非承载式车身和承载式车身两种。

非承载式车身的汽车有一刚性车架，又称为底盘大梁架。在非承载式车身中，发动机、传动系统的一部分以及车身等总成部件都是用悬架装置并固定在车架上，车架通过前、后悬架装置与车轮连接。非承载式车身比较笨重，质量大，高度高，具有较好的平稳性和安全性，一般用在货车、客车和越野汽车上，也有在部分高级轿车上使用。

承载式车身的特点是没有刚性车架，车身就作为发动机和底盘各总成的安装基础，车身负载通过悬架装置传给车轮。承载式车身除了其固有的乘载功能外，还要直接承受各种负荷力的作用。承载式车身不论在安全性还是在稳定性方面都有很大的提高，它具有质量小、高度低、装配容易等优点，大部分轿车都采用这种车身结构。

（3）安全车身的特点　优良的车身结构是被动安全性能的主要构成部分之一。有研究表明，在道路交通事故中，绝大部分的碰撞能量被车身所吸收。安全车身的表现形式是：一方面车室结构坚固，在发生事故时变形量极小，充分保证了内部乘员的生存空间；同时，车身前、后部位能在碰撞时变形以吸收能量，减轻了乘员受到的冲击。绝对不变形的车身并不是最安全的，真正安全的车身应该是在实际碰撞过程中车身整体结构坚固，部分变形部位能够溃缩变形以吸收撞击能量。

2. 气囊

安全气囊的功用是当汽车遭受碰撞导致减速度急剧变化时，气囊迅速膨胀，在驾驶员、乘员与车内构件之间迅速铺垫一个气垫，利用气囊排气节流的阻尼作用来吸收人体惯性力产生的动能，从而减轻人体遭受伤害的程度。

正面气囊的主要功用是保护驾驶员和乘员的面部与胸部，如图 5-17 所示；侧面气囊的主要功用是保护驾驶员和乘员的腰部，如图 5-18 所示；气帘用于保护头部侧面，如图 5-19 所示；另外还有保护膝部的膝部气囊等。

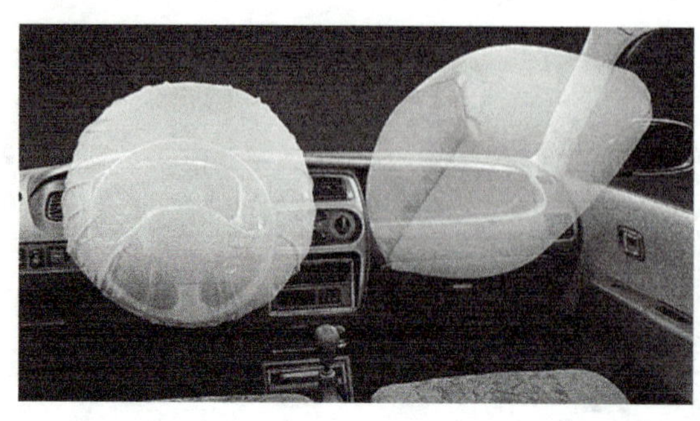

图 5-17 正面气囊

图 5-18 侧面气囊

3. 安全带

如图 5-20 所示，当汽车发生碰撞事故的一瞬间，乘员尚未向前移动时，安装在座椅边的安全带受到迅速拉伸的力会快速收紧，立即将乘员紧紧地绑在座椅上，然后锁止安全带，防止乘员身体前倾，有效地保护了乘员的安全；而在乘员正常前、后移动时安全带会随之放松和回缩，适应移动。

应当注意的是，安全气囊系统是座椅安全带的辅助装置，只有在使用安全带的条件下，该系统才能充分发挥保护驾驶员和乘员的作用。

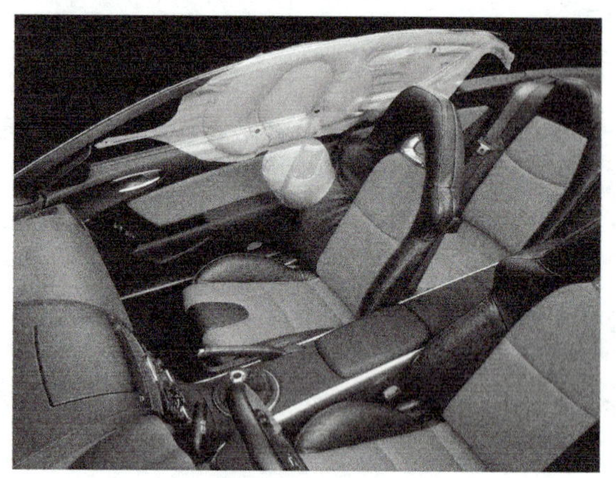

图 5-19 气帘与侧面气囊

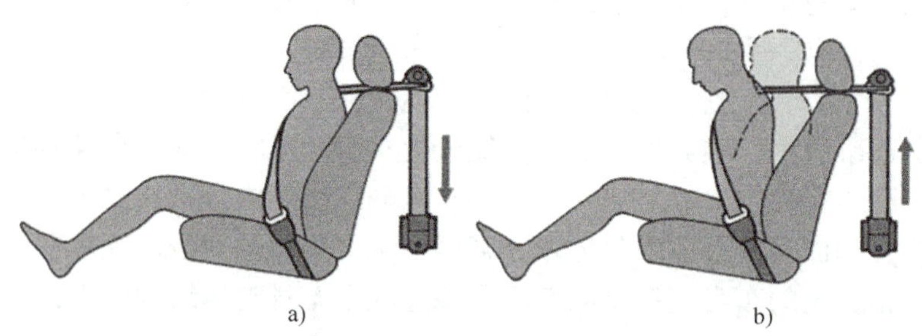

图 5-20 安全带工作状况

a）迅速拉伸时安全带收紧 b）正常拉伸时安全带放松

4. 安全玻璃

安全玻璃已在汽车上广泛使用，一般来说，安全玻璃种类可以分为钢化玻璃和夹层玻璃，现代轿车玻璃多使用二者的结合物。

（1）钢化玻璃 钢化玻璃是将平板玻璃由炙热状态骤冷，使表层收缩而对其心部造成挤压预应力，而获得较高强度的玻璃。钢化玻璃的承压应力比普通玻璃大，承受的冲击和疲劳强度比普通玻璃高很多，弹性及热稳定性也好；其缺点是承受的拉应力比普通玻璃小，成

形后不能再进行切割。如图5-21所示，钢化玻璃一旦破碎，整块玻璃就变成大小均匀、周边无尖角的小块，不易伤人，安全性较好。

（2）夹层玻璃　夹层玻璃又称为G/P玻璃，由单层玻璃或多层玻璃板与单层或多层透明塑料膜蒙结而成，如图5-22所示。夹层玻璃破碎后，其破碎状态与钢化玻璃不同。破裂仅局限于冲击点的周围，呈蛛网状裂纹，冲击点以外部分区域不出现小裂纹，所以不妨碍驾驶员的视线。由于有软性的中间层，破碎的玻璃被粘在塑料胶层上，从而保证了使用安全性。特别是较厚的PM薄膜，耐穿透能力高，在撞车事故中，驾乘人员的头部不会从玻璃中穿出而导致伤亡。夹层玻璃的另一优点是成型后可以裁割修边。鉴于上述优点，夹层玻璃是客车前风窗玻璃最理想的安全玻璃，尤其是大面积全景前风窗玻璃大都采用夹层玻璃。

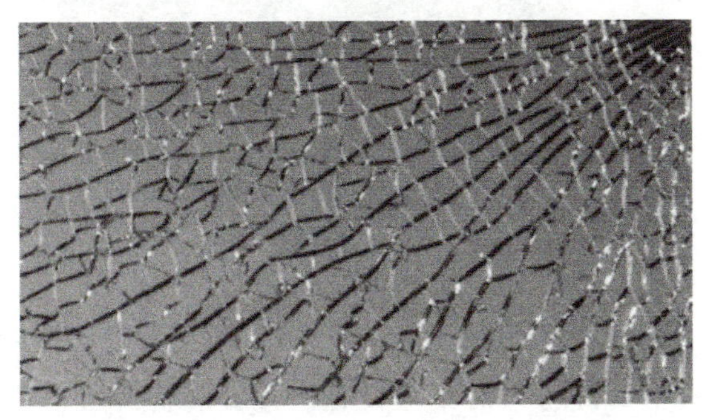

图5-21　破碎的钢化玻璃

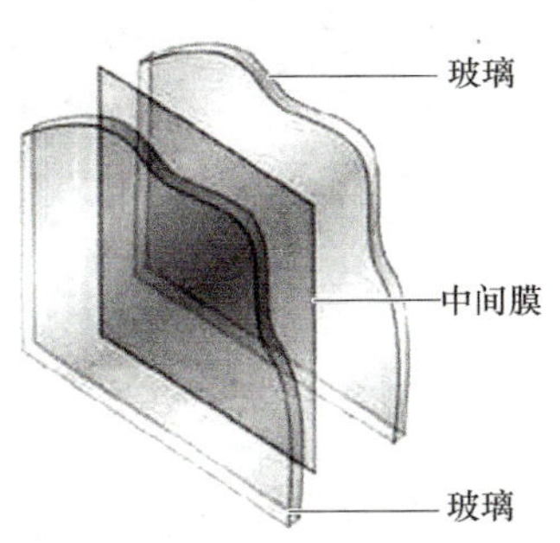

图5-22　夹层玻璃示意图

5. 乘员头颈保护系统

乘员头颈保护系统一般设置于前排座椅。当轿车受到后部的撞击时，头颈保护系统会迅速充气膨胀起来，其整个靠背都会随乘坐者一起后倾，乘坐者的整个背部与靠背安稳地贴近在一起，靠背则会后倾以最大限度地降低头部向前甩的力量，座椅的椅背和头枕会向后水平移动，使身体的上部和头部得到轻柔、均衡的支承与保护，以减轻脊椎以及颈部所承受的冲击力，并防止头部向后甩所带来的伤害，如图5-23所示。

6. 儿童安全座椅

通过多年的实践证实，将根据儿童情况而设计的儿童安全座椅规范地安装在后排座椅上，可在碰撞发生时有效地减少婴幼儿受到的伤害，如图5-24所示。

【活动实施】

一、激光焊接全方位安全车身介绍

F：您眼前的这台车使用的是高张力钢板和强化的碰撞吸能车身，在开发时充分考虑了车辆安全性、舒适性、低能耗等方面的综合要求，在最大限度地保障车身碰撞安全性的前提下将轻量化作为重点，从而更进一步地节省油耗，减少排放。

A：车辆的安全性与驾乘人员的生命安全密切相关，这台车将安全性放在最为重要的位置。它使用的高强度钢材比例达73%，超高强度钢材比例高达11%。其顶边框、中央通道、门槛、车门等区域及保险杠支架均使用超高强度材料，而这些区域正是在车辆正面及侧面碰撞时主要的受力区，它们将与车身上的碰撞吸能区域一同保证乘员区在碰撞过程中的完整，减少驾驶室的变形，将车内乘员受到伤害的可能降到最低。

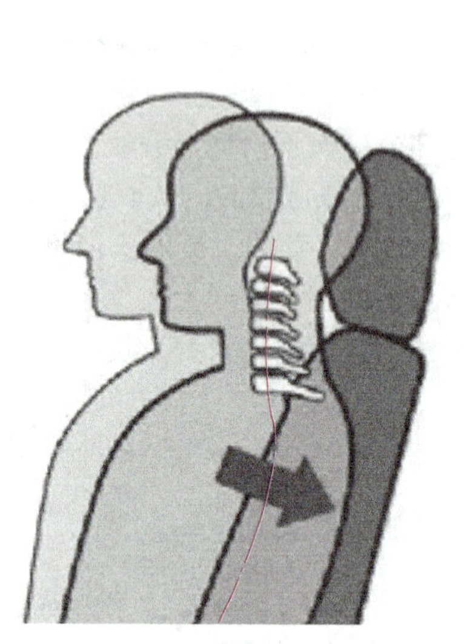

图 5-23　乘员头颈保护系统

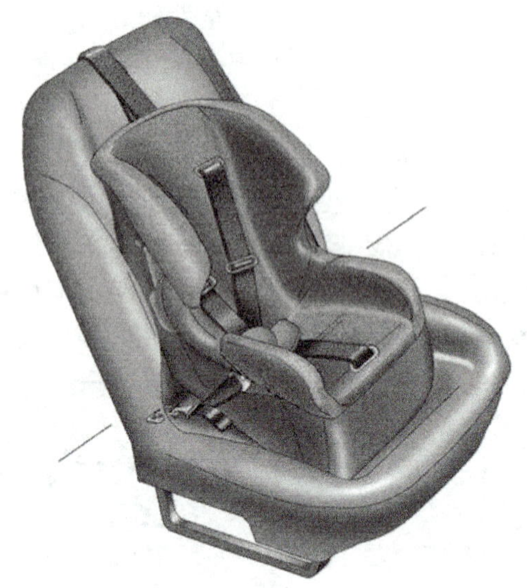

图 5-24　儿童安全座椅

此外，它的一些可溃缩式装置也是减少二次伤害的绝佳设计，比如转向管柱，当车辆发生正面碰撞时，转向管柱上、下部分可自动脱开，通过形变来吸收能量，保持方向盘位置处于安全范围内，能够显著减小驾驶员胸部受方向盘的冲击力，从而给您以更好的保护。

B：正因有如此优异的车身结构，使其获得了 NCAP 碰撞测试的五星级安全评价，使驾驶员和车内乘员免遭发生的意外，使您的出行更加安心。

二、安全气囊与安全带介绍

1. 安全气囊

爆开的安全气囊示意图如图 5-25 所示。

F：这台车标准配置版配备了前排正面双安全气囊、前排侧面双安全气囊和头部双安全气帘共 6 个气囊。

A：在车辆发生意外的碰撞事故时，驾乘人员的生命安全是最重要的。撞击发生时，气囊会迅速展开，为驾乘人员提供最大程度的保护。正面气囊能在正碰事故中给予前排人员足够的缓冲保护；侧面气囊能在侧面碰撞中能有效保护前排人员的胸部和骨盆；而从 A 柱延伸至 C 柱的头部气帘能覆盖住全车车窗，从而保护了前、后排乘客的头部免受车窗破碎以及车柱撞击带来的伤害。

B：6 个气囊在碰撞发生时配合安全带的收紧，共同减轻对乘员的冲击。全方位保护座舱内的每一位乘员，将可能发生的伤害降到最低。

2. 安全带

安全带的拉出口如图 5-26 所示。

F：这台车的前排采用了燃爆预紧式安全带，后排的安全带有限力功能。

A：前排的燃爆预紧式安全带，起作用时间早，吸收能量多，并能防止出现过大的拉力，有效减少乘员胸部受伤的情况；安全带高度可调功能可为不同身材的驾驶员提

供相应的贴身保护。后排配有3根三点式安全带，它们的限力功能强化了正面碰撞的安全性。

B：一旦车辆发生碰撞，燃爆预紧装置将在几毫秒内作出反应，产生的回卷力会瞬间收紧安全带，将乘员稳稳地固定在座椅上，以防止意外发生。如果安全带的收紧力量超过一定限度，则限力装置就会让安全带适量放松，缓解对乘员胸部可能造成的伤害。

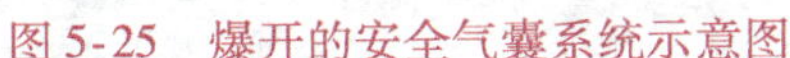

图5-25 爆开的安全气囊系统示意图

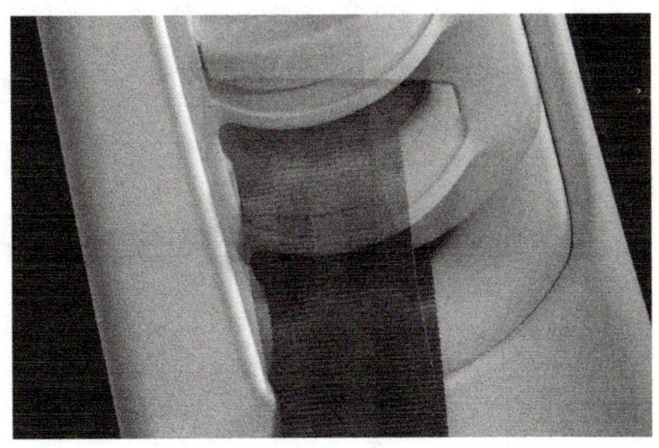

图5-26 安全带的拉出口

3. 主动式安全头枕

主动式安全头枕的外观及结构如图5-27所示。

F：为了降低追尾时前车乘员颈部受伤的风险，本车配备了主动式安全头枕，在追尾事故中可以有效地保护乘员的颈部。

A：主动式安全头枕上方的衬垫支承是一条连杆连接至座椅靠背内的压力板，当车辆遭后方追撞时，您的身体因撞击力的作用会撞向靠背，将压力板向后推，促使头枕往上、往前推动，以便在头颈猛烈晃动之前，托住你的头颈，防止或降低受伤的可能。

B：其效果显著，已在碰撞调查中获得充分的证明。配备了它，可降低75%追撞所造成的颈椎伤害。而它的另一优点，是在动作完成之后自动回复到原来位置，以备下次使用而无需进行维修。

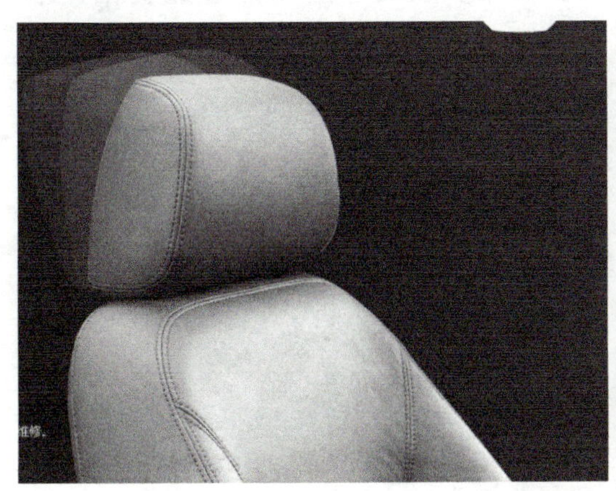
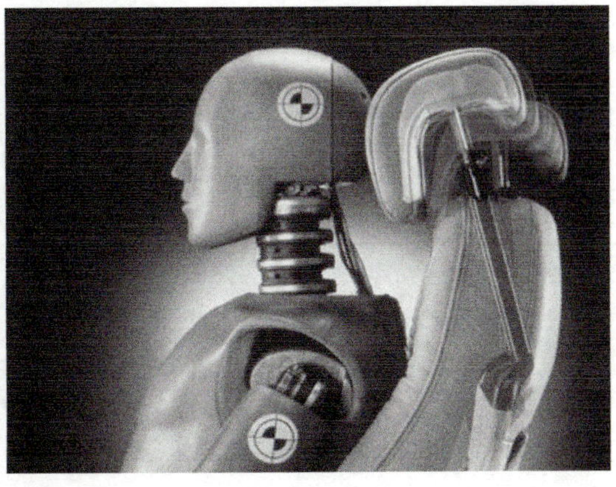

图5-27 主动式安全头枕的外观及结构

4. 儿童座椅固定装置

F：后排座椅带有的儿童座椅安全固定支架是一种专为汽车用婴儿和儿童安全座椅而设计的标准锚固系统，如图5-28所示。

A：这台车按照标准在后排座椅上预留了儿童座椅安装位置，使得儿童座椅可以正确、快速、轻松、安全地装卸于后排座椅上，从而保证儿童乘坐时得到特殊的最佳保护。

B：标准化的儿童座椅安装方式，可以将0~4岁儿童的伤害（尤其是头部）降低22%，在您带着孩子外出时，为您提供更大的方便，给予您更安心的驾乘体验。

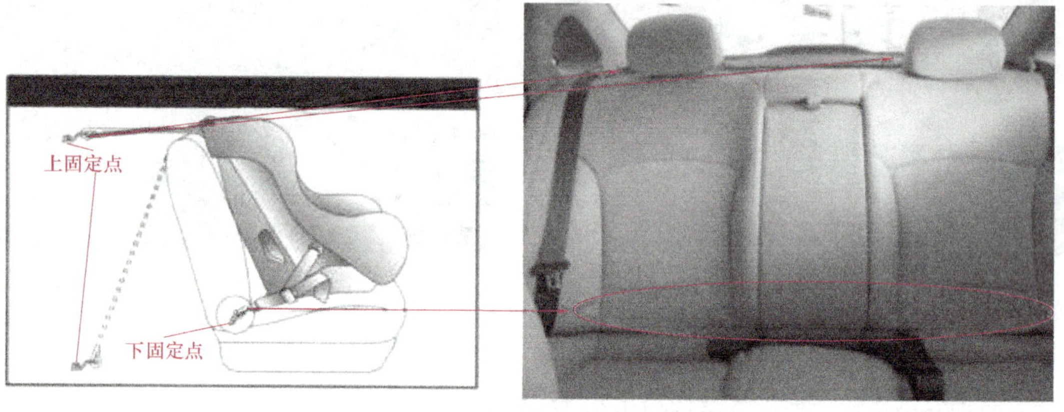

图5-28　儿童座椅固定装置

练习题11

某轿车，发动机排量为2.0L，6挡双离合炫动款变速器，市场价格约为22万元，其部分安全装备如图5-29所示。试向客户介绍其被动安全功能。

该车型的被动安全装置包括前排双安全气囊、前后排防侧撞气囊（SIPS）、膝部气囊、安全充气帘（IC）、头颈部保护系统（WHIPS）、后排安全带、后排儿童座椅固定装置（ISOFIX）等。

图5-29　某轿车的安全装备

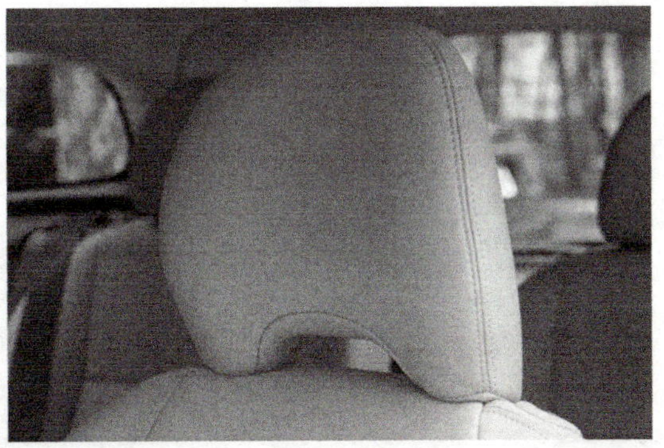

图 5-29　某轿车的安全装备（续）

提示：

对于大多数汽车来说，被动安全装备的类型大同小异，所以在向客户推介时应当针对本车型突出其在材质、技术成熟度、实用价值等方面的特点，以及在安全性能方面的高知名度，以增加客户对其的信任感。

项目六 汽车环保性能推介

【学习目标】

1. 知道汽车环保性能的内容。
2. 掌握汽车排放以及噪声控制的具体配置以及相关功能。
3. 能够向客户推介汽车环保配备以及相关功能的介绍。

活动12 汽车噪声控制效果介绍

【活动描述】

某中高级轿车，发动机排量为1.8L，自动变速器，市场价格约为15万元。在销售展厅内，某来店客户表现出对该轿车的静谧性能非常关注。作为销售顾问，要向客户推介该轿车静谧性能的配备。在本活动中，向客户介绍该轿车的噪声控制效果及其特点。

【知识准备】

一、汽车噪声控制概述（NVH）

汽车的噪声（Noise）、振动（Vibration）、声振粗糙度（Harshness）统称为汽车的NVH特性，是衡量汽车设计及制造质量的一个重要因素。声振粗糙度又可称为不平顺性或冲击特性，与振动和噪声的瞬态性质有关，描述了人体对振动和噪声的主观感受，不能直接用客观测量方法来度量。乘员在汽车中的舒适性感受以及由于振动引起的汽车零部件强度和寿命问题都属于NVH的研究范畴。从NVH的观点来看，汽车是一个由激励源（发动机、变速器等）、振动传递器（由悬架系统和连接件组成）和噪声发射器（车身）组成的系统。汽车NVH特性的研究应该以整车作为研究对象，但由于汽车系统极为复杂，因此经常将它分解成多个子系统进行研究，如发动机子系统（包括动力传动系统）、底盘子系统（主要包括悬架系统）和车身子系统等。

二、汽车 NVH 特性的改善

要改善汽车的 NVH 特性，首先是对其振动源和噪声源进行控制。这就需要改善产生振动和噪声的零部件的结构，改善其振动特性，避免产生共振；改进旋转元件的平衡；提高零部件的加工精度和装配质量，减小相对运动元件之间的冲击和摩擦；改善气体或液体流动状况，避免形成涡流；改善车身结构，提高车身的刚度；施加与噪声源振幅相当而相位相反的声音等。其次，要控制振动和噪声传递的途径。这就需要对结构的振动和噪声传递特性进行分析并改进，使之对振动和噪声具有明显的衰减作用而不是放大；优化对发动机悬置的设计，降低发动机向车身传递的振动；对悬架系统进行改进，阻断振动的传递；采用适合于平面振动的阻尼材料、适合于旋转轴类的扭振减振器以及针对其他线振动的质量减振器；分析和改进结构，特别是车身的密封状况，提高密封性能；各种吸声材料、隔声材料和隔声结构的研究及应用，提高汽车内部的吸声和隔声性能等。

【活动实施】

一、全车静谧性

某紧凑型轿车的全车静谧性使用材料如图 6-1 所示（见彩插）。

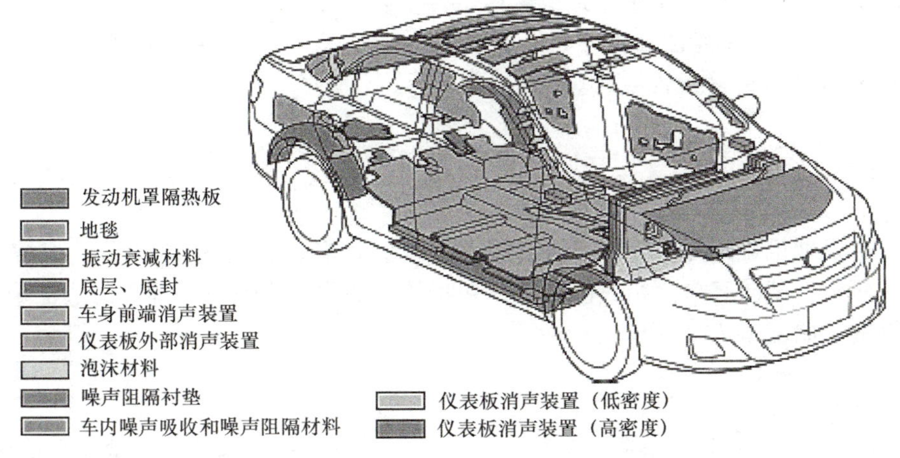

图 6-1　某紧凑型轿车的全车静谧性使用材料

F：我们这款车的静谧性好。

A：与同级别车型相比较，通过各种隔声材料和减振装置的合理配置，有效降低了发动机噪声和路面噪声，实现了优异的 NVH 整体表现。

B：为您营造一个静谧的驾乘空间。

二、各个细节上的静谧性

某紧凑型轿车中细节上的静谧性材料如图 6-2 所示。

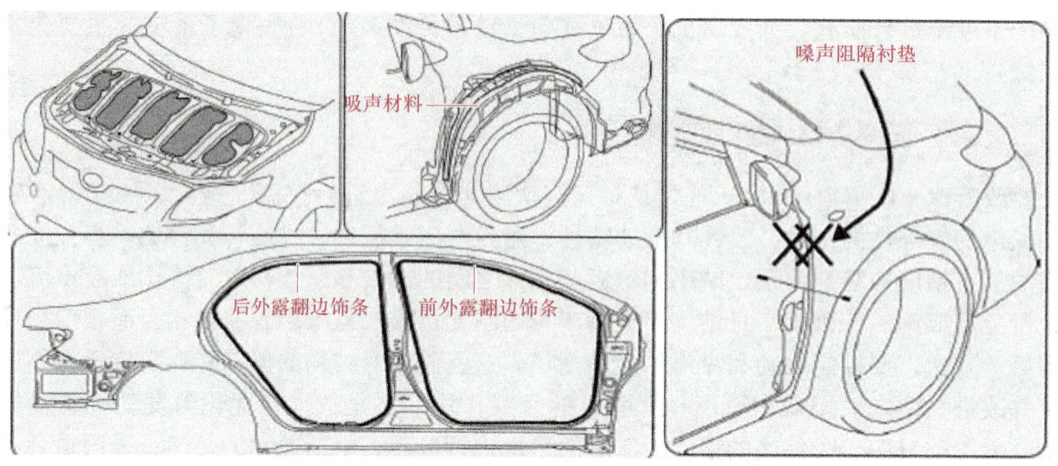

图 6-2　某紧凑型轿车中细节上的静谧性材料

F：尊敬的客户你可以用手亲自去感受一下每个细节上的静谧性给整个车辆的噪声控制是十分的出色。

A：您可以看到在发动机舱盖的内部应用新式隔振垫，以减少发动机工作时所产生的低音频噪声。在前翼子板内衬采用吸声效果更佳的材料配置，可有效吸收车辆行驶时的路面噪声。在车身侧面设置了翼子板侧护条，从而有效地抑制了从翼子板和前柱之间的空隙侵入车内的噪声。车门外露翻边饰条采用环形双重密封构造，有效地提高了车内的静谧性。车身骨架上采用了发泡隔声材料的最佳配置，确保车内宁静、舒适。

B：因此，这款车在静谧性上考虑的绝对是细致入微，让您在花费了 A 级车价格的同时，享受着 B 级轿车的静谧性空间。

练习题 12

某轿车，发动机排量为 1.8L，混合动力，CVT，市场价格约为 27 万元，其隔声发动机盖如图 6-3 所示。试向客户介绍其静谧性，包括该车的发动机舱隔声棉、门边框的密封胶条以及环保性的轮胎配备。

提示：

关注此类功能的客户以增购车辆的需求为主，对车辆的静谧性能十分重视，属于享受生活、享受人生的类型，选择的车型偏向舒适型。

活动13　汽车排放控制效果介绍

【活动描述】

某环保型混合动力轿车，发动机排量为 1.8L，CVT，市场价格约为 25 万元。在销售展厅内，某来店客户得知有该车在展厅内销售，该客户对汽车环保性能很有兴趣，而该车的卖

图 6-3 某轿车的隔声发动机盖

点就是混合动力，非常环保。作为销售顾问，要向客户推介该轿车的排放效果。在本活动中，向客户介绍该轿车混合动力的功能及其特点。

【知识准备】

一、汽车排放概述

汽车排放是指从废气中排出的 CO（一氧化碳）、HC + NO_x（碳氢化合物和氮氧化物）、PM（微粒，炭烟）等有害气体。它们都是发动机在燃烧做功过程中产生的有害气体。这些有害气体产生的原因各异，CO 是燃油氧化不完全的中间产物，当氧气不充足时会产生 CO，混合气浓度大及混合气不均匀都会使排气中的 CO 增加。HC 是燃料中未燃烧的物质，由于混合气不均匀、燃烧室壁冷等原因造成部分燃油未来得及燃烧就被排放出去。NO_x 是燃料（汽油）在燃烧过程中产生的一种物质。PM 也是燃油燃烧时缺氧产生的一种物质，其中以柴油机最为明显。因为柴油机采用压燃方式，柴油在高温高压下裂解更容易产生大量肉眼看得见的炭烟。

二、国内外汽车排放标准

1. 欧洲汽车排放实施

欧洲标准是由欧洲经济委员会（ECE）的排放法规和欧共体（EEC）的排放指令共同加以实现的，欧共体（EEC）即是现在的欧盟（EU）。汽车排放的欧洲法规（指令）标准 1992 年前已实施若干阶段，欧洲从 1992 年起开始实施欧Ⅰ（欧Ⅰ型式认证排放限值）、1996 年起开始实施欧Ⅱ（欧Ⅱ型式认证和生产一致性排放限值）、2000 年起开始实施欧Ⅲ（欧Ⅲ型式认证和生产一致性排放限值）、2005 年起开始实施欧Ⅳ（欧Ⅳ型式认证和生产一致性排放限值）。

2. 我国的汽车排放实施

与国外先进国家相比，我国汽车尾气排放法规起步较晚、水平较低。

1983 年我国颁布了第一批机动车尾气污染控制排放标准；在 1989 年至 1993 年又相继颁布了《轻型汽车排气污染物排放标准》、《车用汽油机排气污染物排放标准》两个限值标准和《轻型汽车排气污染物测量方法》、《车用汽油机排气污染物测量方法》两个工况法测量方法标准，形成了一套较为完整的汽车尾气排放标准体系；2000 年起全国实施

GB 14961—1999《汽车排放污染物限值及测试方法》（等效于91/441/1EEC标准）。

目前，在我国新车常用的欧Ⅰ和欧Ⅱ标准等术语是指当年EEC颁布的排放指令。汽车排放的欧洲法规（指令）标准的计量是以汽车发动机单位行驶距离的排污量（g/km）计算，因为这对研究汽车对环境的污染程度比较合理。

目前，世界汽车排放标准并立，分为欧洲、美国、日本标准体系。欧洲标准测试要求相对而言比较宽泛，是发展中国家大都沿用的汽车尾气排放体系。并且，由于我国的轿车车型大多从欧洲引进生产技术，大体上采用欧洲标准体系。

我国轻型汽车Ⅲ、Ⅳ号排放标准在污染物排放限值方面与欧Ⅲ、欧Ⅳ标准完全相同。

我国与欧洲排放标准实施情况对比见表6-1。

表6-1　我国与欧洲排放标准实施情况对比

标　　准	中国实施年份	欧洲实施年份	相差时间/年
国Ⅰ前（欧0）	1990	1973	17
国Ⅰ（欧Ⅰ）	2000	1992	8
国Ⅱ（欧Ⅱ）	2004	1996	8
国Ⅲ（欧Ⅲ）	2007	2000	7
国Ⅳ（Ⅳ）	2010	2005	5

我国轻、重型汽车发动机排放控制过程　我国轻、重型汽车发动机排放变化分别如图6-4和图6-5所示。

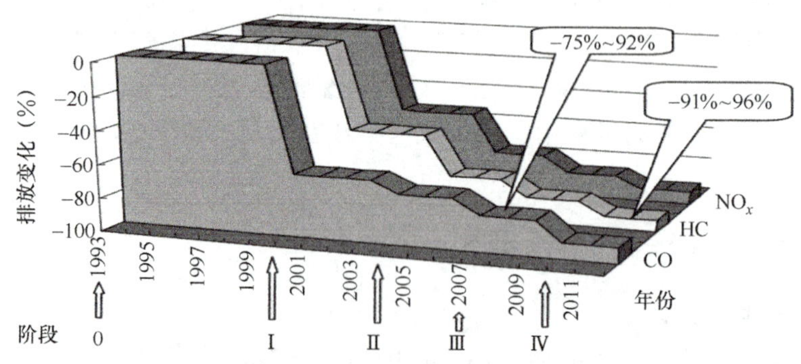

图6-4　我国轻型汽车发动机排放变化

三、汽车排放控制技术

1. 汽油机排放控制技术

（1）三元催化转化技术　三元催化转化器中装有促使废气中的有害物质进行氧化还原反应的催化剂（铂、铑和钯）。当废气流经三元催化转化器时，通过化学反应使有害气体转化为无害气体。三元催化转化器的净化效果受混合气浓度和工作环境温度的影响。为提高转化效率，可采用以下措施：

1）冷机时采用稀薄燃烧技术。发动机冷机时，催化剂活性较差，不利于降低HC的排放。这时，降低HC的排放成为主要课题。在采用的方法中，稀薄燃烧技术最为有效。为保

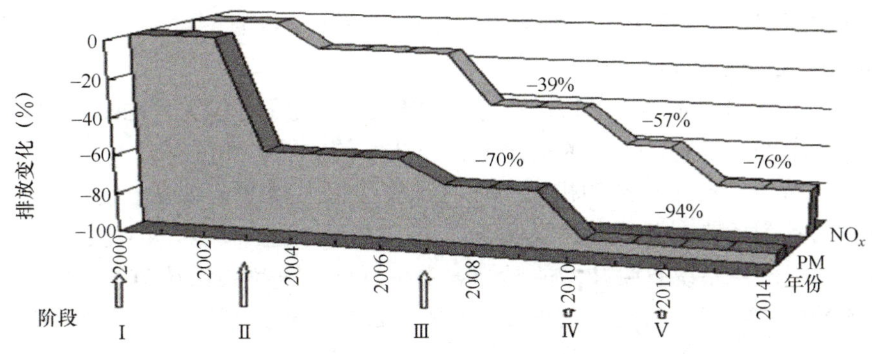

图 6-5　我国重型汽车发动机排放变化

证混合气的稀薄化，在进气口内设置涡流控制阀，改善发动机进气系统，提高充气效率；改进发动机燃烧系统，合理组织燃烧室内的气体流动，促进火焰传播，改善着火稳定性，使发动机在稀混合气下维持稳定燃烧，从而降低 HC 的排放量。

2）减少未燃 HC。活塞第一道环背脊（指第一道环槽至活塞顶之间的区域）与气缸壁之间的区域燃烧的火焰不能到达，此区域内的未燃 HC 直接从气缸内排出。提高第一道活塞环的位置，即降低第一道活塞环的高度，可以减少活塞环与气缸壁间的容积，从而减少未燃 HC 的排放。为减少活塞环槽的磨损，一般情况下，对活塞表面实施氧化铝镀膜处理，但由于在活塞表面易形成许多细孔，被吸附的 HC 在发动机排气行程时排出机外。为解决这一矛盾，在对活塞表面实施氧化铝镀膜处理时，只对活塞环槽进行处理，而活塞顶面不进行处理，这样有利于进一步降低 HC 的排放。

3）提高催化剂的早期活性。为促使催化剂的早期活性，有效的方法是提高其升温特性和降低其活性温度。提高升温特性的主要方法是采用双重排气管和使用薄壁式催化剂载体。合理选择低温特性好的贵重金属，如在催化剂中提高铂的含量，同时提高混合气的稀薄化，是降低催化剂活性温度的有效手段。

4）催化剂强制加热。使用电加热催化剂（EHC）和在排气管内利用排放气体燃烧产生的热量，促使催化剂升温，即排气燃烧器（EGC）能进一步提高催化剂的早期活性。EHC 采用电流预热的方法，可使金属载体的催化器在发动机起动后的 5 ~ 10s 内达到催化剂的起燃温度，从而减少起动后最初几分钟内有害物质的排放。EHC 已达到实用化水平，但其电气系统较复杂。EGC 的原理是在发动机起动后，将在浓空燃比状态下产生的 CO 等可燃成分与二次空气供给的氧气相混合，形成可燃混合气，在排气系统中设置排气燃烧器，通过火花塞点火装置，点燃未燃混合气，利用燃烧产生的热量提高催化剂的早期活性，同时还能燃烧净化发动机起动后的未燃 HC 成分。EGC 技术虽然处于研制阶段，但其催化转化效率高，大有超过 EHC 之势。

（2）废气再循环技术　废气再循环（EGR）是目前常用于控制内燃机 NO_x 排放的有效措施之一。它把一定数量的废气引入发动机的进气系统，使发动机混合气中惰性气体的比例增加。由于这些惰性气体有较高的比热容，使经再循环废气稀释的混合气的比热容增高，致使发动机最高燃烧温度下降，由于再循环废气对新混合气的稀释，降低了混合气中氧气的浓度，因而废气再循环破坏了 NO_x 的生成条件，从而有效抑制了 NO_x 的生成。

（3）二次空气供给技术　二次空气供给装置可将新鲜空气送入排气管内，利用废气中的高温使排气中的 HC 和 CO 进一步氧化，达到排气净化的目的。

2. 柴油机排气净化技术

柴油机排放污染主要是 NO_x 和微粒，其排出的 CO 和 HC 仅为汽油机的 1/10 或更少。除废气再循环技术外，近年来，柴油机排放控制技术的发展主要围绕以下几个方面进行：

（1）燃烧系统直喷技术　柴油机污染物的排放量很大程度上取决于气缸内的燃烧过程，改进燃烧过程的各个环节（如燃烧喷射系统、进气系统、进气口形状和燃烧室形状等）都会改善燃烧过程。燃烧系统直喷技术的燃烧效率高，比非直喷式系统节油 5% ~10%，但要求发动机吸入较多的空气。目前，这种技术基本上成熟，对控制柴油机排放污染起到了一定的作用。预计在不久的将来，相比分隔式燃烧系统，直喷技术将占主导地位。

（2）废气涡轮增压与中冷技术　废气涡轮增压技术是使发动机轻量化，提高输出功率的有效措施，也是现代柴油机的代表性技术。经废气涡轮增压后，进气温度提高，滞燃期缩短，混合气适当变稀，这些因素使噪声、CO 和 HC 排放以及油耗都有所降低。但是，进气温度上升使 NO_x 增多，空气密度因温升而下降，也使进气量未达到期望的水平。于是出现了将增压后空气再进行冷却的中冷技术，使进气温度降低，循环进气量更大，NO_x 排放下降而功率进一步增加。采用废气涡轮增压与中冷技术是降低 NO_x 和微粒、改善柴油机燃油经济性和提高动力性的最佳措施。

（3）燃油喷射高压化和多次喷射技术　燃油喷射系统是柴油机的“心脏”，也是发展最快的系统。新型的柴油机共轨燃油喷射系统，喷油压力普遍提高，其喷油压力可达 140MPa。柴油机喷油压力越高，燃油和空气的混合就越好，排烟就越少。与此同时，将电子技术应用于燃油喷射过程也是一个发展方向。有些生产厂商已将电子技术应用在了燃油喷射的控制上，非常精确地控制喷油量和喷油时间，以适应不同的道路工况，并且有的还具有自适应能力，可以补偿零件磨损和零件制造偏差所引起的变化，以取得 NO_x、微粒排放量和燃油经济性之间的最佳配合。采用燃油多次喷射技术可以实现柔和燃烧，也可减少柴油机炭烟和颗粒的排放。

（4）排气后处理技术　柴油机排气后处理技术方案中，目前被认为较实用的有：氧化催化转化器、微粒捕集器和 NO_x 还原催化转化器。其中，微粒捕集器是目前国际上最接近商品化的柴油机微粒后处理技术。

【活动实施】

一、油电混合动力发动机

某油电混合动力轿车 THS-Ⅱ系统如图 6-6 所示。

图 6-6　某油电混合动力轿车 THS-Ⅱ系统

F：作为一款符合世界汽车发展潮流的节能型轿车，它配备了先进的 THS-Ⅱ混合动力系统。

A：全新研发的 1.8L 直列 4 缸发动机，配合发电机与电动机完美的相结合，最大输出功率为 60kW，电动机扭矩的增加，降速齿轮等配件的使用、线圈形状的改进等举措，实现了二者的小型化及轻量化，进一步提高了燃油性能。在冷却系统中，采用电动水泵等新技术，使混合动力专用发动机兼具了低油耗、低排放和强劲的动力性能。

B：这一套完美的高科技混合动力系统真正意义上实现了“1+1>2”的力量，让您享受着高科技带来的环保性，使您为环保事业做出一份贡献。

二、带电子无极变速器的三种模式下行驶方式

某油电混合动力轿车中配备的带模式的电子无极变速器如图6-7所示。

图6-7 某油电混合动力轿车中配备的带模式的电子无极变速器

F：具有性能均衡的常规驾驶模式，能在不同情况下拥有强劲的动力和低油耗表现；此外根据实际路况，还可自由选择三种不同的驾驶模式。

A：按下EV键便可单独依靠电动机提供行驶动力，而按下ECO节能驾驶模式后，它是通过对加速踏板输出功率的控制以及将空调系统的运转控制在最小范围内，从而进一步降低油耗，实现节能驾驭。按下PWR键即可体会灵敏的加速反应和加速快感，特别是在急坡、山道等地段，可感受无与伦比的强劲动力。

B：这款车型在EV模式下，可以说它的排放为零，让您可以在起步和停车等人或者堵车的时候，达到最环保的车辆，让您成为一名环保用车达人。

练习题13

某轿车，发动机排量为1.6L，7速手自一体变速器，市场价格约为30万元，其排气管如图6-8所示。试向客户介绍其排放性能，该车配备了机械增压蓝效动能科技（Blue EFFICIENCY）。

图6-8 某轿车的排气管

提示：

关注汽车排放的客户属于比较愿意彰显自己环保意识的人群，以具有一定社会地位的人士或者有一定知名度的公众人物居多，对环保、节能减排关注较多，选择的车型除动力性能等外还兼顾环保性能。

项目七　汽车智能化功能推介

【学习目标】

1. 知道汽车智能化功能的发展现状。
2. 掌握汽车各种智能化装置的作用和简单原理。
3. 掌握汽车行驶过程中常用的各种智能化装置的功能及其特点。
4. 能够向客户推介汽车行驶过程中常用的智能化装置。

活动14　汽车行驶辅助装置介绍

【活动描述】

某轿车，搭载排量为2.0L的涡轮增压发动机，手自一体双离合变速器，市场价格约为29万元。某客户来到销售展厅准备购买家庭的第二辆车，在挑选时流露出希望新车的驾驶感觉能更轻松、使用更方便的意愿。销售人员在获取此信息时，应迎合客户的需求推介该轿车的智能化辅助功能。

【知识准备】

一、汽车巡航行驶功能

1. 定速巡航

定速巡航系统（Cruise Control System）又称为自动行驶系统，其作用是：驾驶员通过巡航控制开关（见图7-1）选择使用此功能之后，不用踩加速踏板就自动地保持车速，使车辆以固定的速度行驶。采用了这种装置，当在高速公路上长时间行车后，驾驶员就不用再去控制加速踏板，减轻了疲劳强度，同时减少了不必要的车速变化，可以节省燃料。定速巡航控制区域一般在方向盘后方或者集成在多功能方向盘上。

定速巡航用于控制汽车的定速行驶，汽车一旦被设定为巡航状态时，发动机的供油量便由 ECU 控制，ECU 会根据道路状况和汽车的行驶阻力不断地调整供油量，使汽车始终保持在所设定的车速行驶，而无需操纵加速踏板。目前，巡航控制系统已成为中高级轿车的标准装备。一般情况下，当驾驶员踩下制动踏板时，定速巡航会被自动解除。

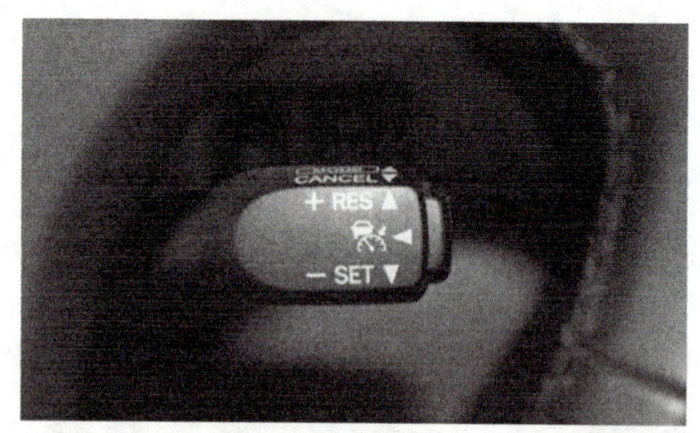

图 7-1　定速巡航控制开关

定速巡航系统在美国的安装率已达到 60% 以上；在我国由于道路条件限制，使用率不高。定速巡航系统并非何时何地都适用，一般要在高速公路或全封闭路上使用。因为在非封闭路、盘山路和弯路过多的道路等复杂的路况条件下，由于各种原因需要经常制动车辆导致无法保持稳定的定速巡航状态，因此失去了定速的意义。另外，出于安全需要，雨天、冰雪天等也不适用定速巡航。

定速巡航控制的基本功能有：

（1）车速设定　当按下车速设置开关后，就能存储该时刻的行驶速度，并能保持该速度行驶。

（2）消除功能

1）当踩下制动踏板时，立即退出巡航功能，但是该车速可存储。

2）当车速小于 40km/h 时，退出巡航功能，该车速不可存储，也不能再恢复此速度。

3）当使用驻车制动杆、离合器（手动变速器）、变速杆（自动变速器）时，退出巡航功能，该车速不可存储，也不能再恢复此速度。

（3）恢复功能　按下恢复开关，就能恢复先前已设置的车速。

（4）速度微调下降　在当前车速状态下想要略微降低车速时，可向“－”方向拨动定速巡航控制开关来实现。

（5）速度微调升高　在当前车速状态下想要略微升高车速时，可向“＋”方向拨动定速巡航控制开关来实现。

2. 自适应巡航

自适应巡航也可称为主动巡航，是在定速巡航技术的基础上发展而来的，它的系统包括雷达传感器、数字信号处理器和控制模块。驾驶员设定所希望的车速，自适应巡航系统利用车距传感器（低功率雷达或红外线光束）得到前车的确切位置，同时轮速传感器采集车速信号。自适应巡航控制开关如图 7-2 所示。

图 7-2　自适应巡航控制开关

如图 7-3 所示，车距传感器会按照多个区位逐步发出不同的信号，如果发现前车减速或监测到新目标，就会发送执行信号给发动机或制动系统来降低车速，使车辆和前车保持一个安全的行驶距离。当前方道路没有车时，又会加速恢复到设定的车速，雷达系统会自动监测下一个目标。自适应巡航控制系统代替驾驶员控制车速，避免了频繁地取消和设定巡航控制，使巡航系统适合于更多的路况，为驾驶员提供了一种更轻松的驾驶方式。

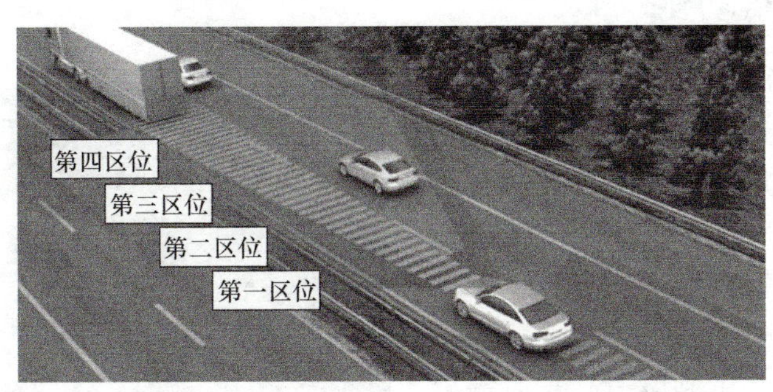

图 7-3　车距传感器感测的多个区位

自适应巡航控制系统一般在车速大于 25km/h 时才会起作用，而当车速降低到 25km/h 以下时，就需要驾驶员进行人工控制。

通过系统软件的升级，自适应巡航控制系统可以实现“停车/起步”功能，以应对在城市中行驶时频繁的停车和起步情况。自适应巡航控制系统的这种扩展功能，可以使汽车在非常低的车速时也能与前车保持设定的距离。当前方车辆起步后，自适应巡航控制系统会提醒驾驶员，驾驶员通过踩加速踏板或按下按钮发出信号，车辆就可以起步行驶。

图 7-4　自适应巡航车辆行驶示意图

自适应巡航控制系统使车辆的编队行驶更加轻松。ECU 可以设定自动跟踪的车辆，当本车跟随前车行驶时，ECU 可以将车速调整为与前车相同，同时保持稳定的车距（见图 7-4），这个距离可以通过方向盘附近的控制杆上的设置按钮进行选择。

二、汽车制动辅助系统

汽车行驶过程中不时地需要根据路况进行制动。在正常情况下，大多数驾驶员开始制动时只施加很小的力，然后根据情况增加或调整对制动踏板施加的制动力。在遇到突发情况时，一些驾驶员对需要突然施加比较大的制动力没有准备，或者他们反应得太晚。这样会阻碍他们及时施加最大的制动力，从而使得车辆不能及时减速停车。

制动辅助系统通过驾驶员踩踏制动踏板的速率来理解制动意愿，如果它一旦察觉到制动踏板的制动压力急剧增大，也就是监测到踩踏制动踏板的速度陡增，便会在几毫秒内启动更大的制动力，其速度要比大多数驾驶员移动脚的速度快得多；如果驾驶员继续大力踩踏制动踏板，它就会释放出存储的液压施加最大的制动力。由于更早地施加了最大的制动力，紧急制动辅助装置可显著缩短制动距离，并有助于防止在拥堵的交通中发生追尾事故。驾驶员一旦释放制动踏板，制动辅助系统就转入待机模式。

三、自动驻车功能

自动驻车英文名称为 Auto Hold，其功能键如图 7-5 所示，是一种自动替驾驶员进行驻车制动的功能。启动该功能之后，例如在停车等红、绿灯的时候，就不用人工进行驻车制动了，这个功能特别适应于上、下坡以及频繁起步停车的时候。

图 7-5　自动驻车的功能键

传统的驻车制动在车辆坡道起步时需要依靠驾驶员通过手动释放驻车制动杆或者熟练地踩踏加速踏板、离合器踏板配合来舒畅起步。

而装载了自动驻车（Auto Hold）功能的车辆，在驻车时能使车辆自动启动四轮制动，通过坡度传感器由 ECU 给出准确的驻车制动力，即使在前进挡或者空挡，也无需一直脚踩制动踏板或使用驻车制动器，车辆始终处于停止状态；而在起步时只需轻踩加速踏板即可解除制动，驻车 ECU 会接收离合器距离传感器、离合器接合速度传感器、加速踏板传感器等提供的信息进行计算，当驱动力大于行驶阻力时自动释放驻车制动，从而使汽车能够平稳起步。

四、智能泊车系统

对于许多驾驶员而言，泊车并不是一件轻松的事。大城市停车空间有限，而受驾驶员技术的限制，将汽车驶入狭小的空间并非易事。技术的发展为泊车提供了帮助，这就是自动泊车功能。自动泊车技术可以将汽车停放在较小的空间内，并能够避免磕碰等意外的发生。自动泊车技术同样适用于主动避撞系统，并最终实现汽车的自动驾驶。

找到停车地点后，汽车移动到前车旁边，智能泊车系统会给驾驶员一个信号，告诉驾驶员应该停车的时间。如图 7-6 所示，这时驾驶员换倒挡，只需轻轻启动按钮，稍稍松开制动踏板开始倒车，然后汽车的电子控制系统将控制方向盘，将汽车完全倒入停车位。当汽车向后倒得足够远时，智能泊车系统会给驾驶员另一个信号，告诉驾驶员应该停车并换为前进挡。汽车向前移动，将车轮调整到位。最后，智能泊车系统再给驾驶员一个信号，告诉驾驶员车辆已停好。整个过程中要用到电子助力转向、电子驻车制动、自动变速和发动机怠速运转提供的动力。

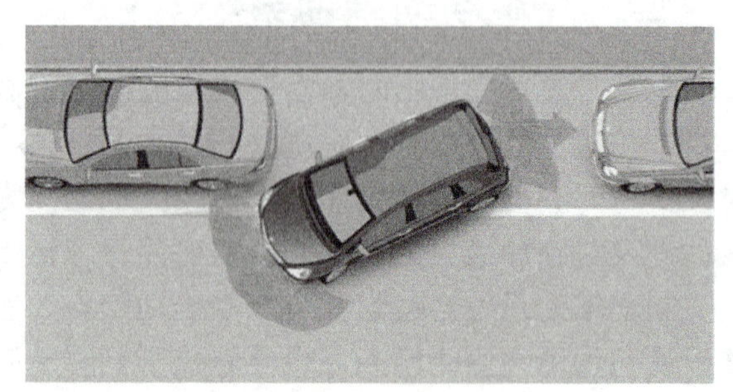
图 7-6　智能泊车示意图

需要注意的事，现有的自动泊车汽车并不是全自动的，驾驶员仍然需要踩着制动踏

板控制车速。

不同的自动泊车系统采用不同的方法来检测汽车周围的物体。有些汽车前、后保险杠四周装上了超声波传感器，这些传感器会发送信号，当信号碰到车身周边的障碍物时会反射回来，汽车电子控制系统会利用其接收信号所需的时间来确定障碍物的位置；一些系统则使用安装在保险杠上的摄像头或雷达来检测障碍物。通过这些方法汽车会检测到已停好的车辆、停车位的大小以及与路边的距离，然后将车辆驶入停车位。

【活动实施】

一、巡航功能介绍

F：这辆车所装备的巡航可不是一般的定速巡航，它是领先科技的自适应巡航系统。您如果使用自适应巡航控制开关（见图7-7）设置好了巡航模式，您的车就会自动控制车距。

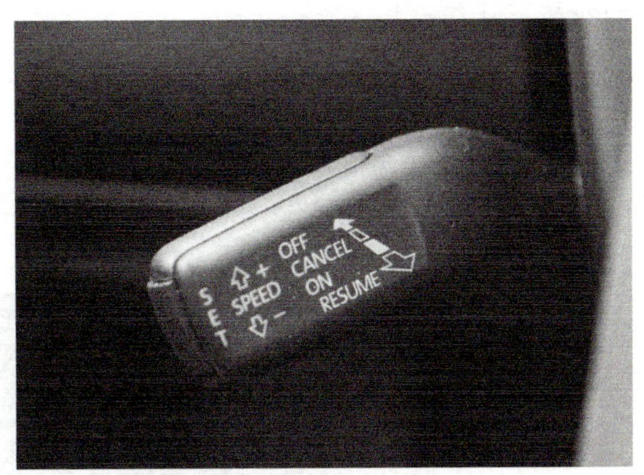

图7-7　自适应巡航控制开关

A：车距雷达时刻监测与前方车辆的车距，同时采集车速信号，与预碰撞系统默契合作。如图7-8所示，当车距过近时，自适应巡航控制系统立刻与制动系统等一起协作，使车轮适当制动，以确保预设的安全距离。当车距增大后，自适应巡航控制系统控制车辆自动加速，以始终保持安全距离不变。

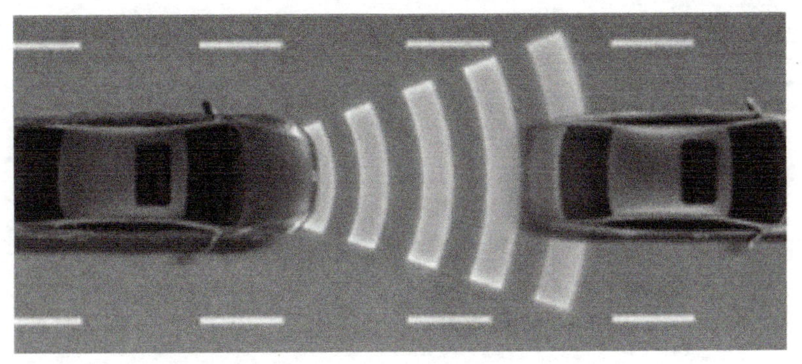

图7-8　自适应巡航车辆控制的安全车距

B：这种巡航也称为主动巡航，不像一般的巡航那样要根据路况频繁地取消和设定巡航控制，而是一键设定之后就不必再操心，全面提升了车辆智能性，让您的驾驶旅程惬意无忧。

二、自动驻车功能介绍

F：这种车型拥有自动驻车（Auto Hold）功能，停车就会自动启动该功能，而它感知到起步的信号后就会解除。

A：全新的电子自动驻车系统，摒弃了传统的手拉式和脚踩式的机械式驻车制动。停车后，按下按钮驻车制动器就自动启动（见图7-9）；系好安全带起步时它也会自动解除；尤其在坡道上，它能够精确掌控所需的制动力，完全不用您担心。

B：有了这个“聪明”的驻车系统，可以有效防止坡路溜车；更可以在城市驾车过程中遇到拥堵状况时，省去长时间踩制动踏板的疲劳，让您放松安心。

图7-9 自动驻车控制按钮

三、智能泊车辅助系统介绍

F：这台车所配备的自动泊车系统不但能水平泊车（见图7-10），还能垂直泊车（见图7-11），只需轻轻启动按钮，稍稍松开制动，一切就都尽在您的掌握之中了。

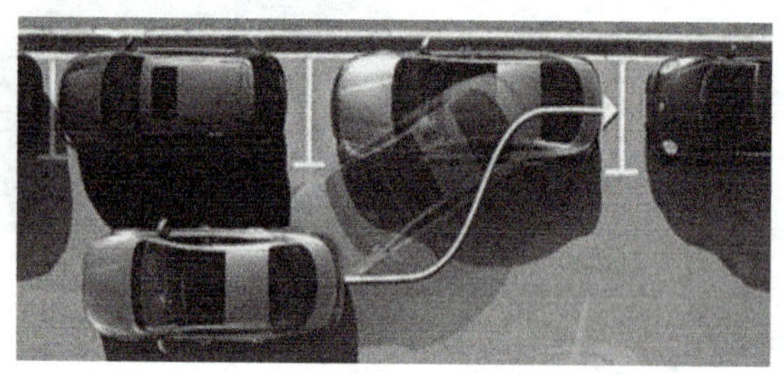
图7-10 智能水平泊车

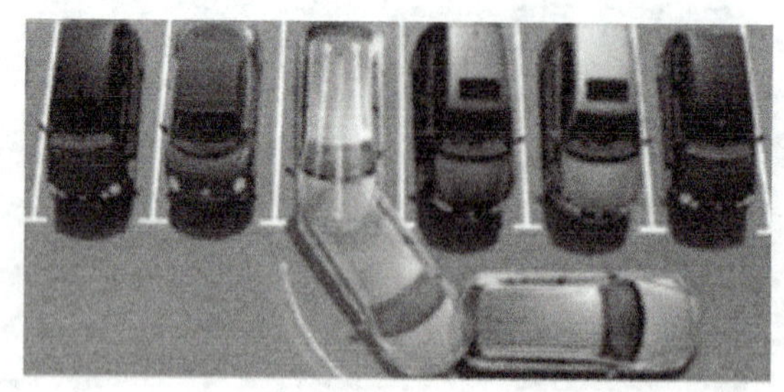
图7-11 智能垂直泊车

A：如图7-12所示，12个雷达探头为您寻找合适的泊车空间，即使在很小的间隙（车长+0.8m），它也能精准地自动转向，并轻松入位。

在这个功能的得力辅助下，泊车也可以变得轻松自如，不会再是您的烦心事，而会成为您优越的驾驭感受之一。

图 7-12　自动泊车过程

练习题 14

某轿车，发动机排量为 2.0L，8 速 CVT，市场价格约为 35 万元，智能系统较为出色，配备有自适应巡航系统、电子机械式驻车制动（EPB）系统、后方预警式安全防护系统、主动式车道偏离警示系统、车道变换辅助系统、抬头显示系统、倒车影像系统、可调空气悬驾系统、夜视系统和多种不同风格的驾驶模式选项等。其部分智能装置如图 7-13 所示。试向客户介绍其智能功能。

提示：

本车型以中庸、大气、低调的风格而闻名，选择它的客户多具有一定的社会地位或较高的身价，对车辆的内涵和品味尤为重视，智能系统对于他们来说犹如驾驶过程中的"秘书"，必不可少。

图 7-13　某轿车的部分智能装置

项目八　汽车商品相关使用常识介绍

【学习目标】

1. 知道汽车上使用的各种常见油液的名称，掌握其选用、使用的要求。
2. 掌握汽车轮胎的使用注意事项。
3. 能够向客户进行常用新车保险险种的推介。

活动15　汽车燃油及各类工作液的选用

【活动描述】

在某汽车销售公司的交车区域，正在进行最后的“车辆交付给客户”的流程操作。销售顾问除了要向客户交付车辆，还需要为客户说明一些车辆使用过程中的要点。在本活动中，作为销售顾问要告知客户各种工作油液的加注、使用及其他注意事项。

【知识准备】

一、汽车机油

1. 汽车机油分类

汽车机油分为全合成机油、半合成机油及矿物机油等几类。

（1）全合成机油　全合成机油是机油中属于高等级的油品，是来自原油中的瓦斯气或天然气所分散出来的乙烯、丙烯，再经聚合、催化等复杂的化学反应炼制成大分子，组成润滑液。在本质上，它使用的是原油中较好的成分，加以化学反应并在人为的控制下达到预期的分子形态，全合成机油分子排列整齐，抵抗外来变数的能力自然很强，因此油质较好，热稳定、抗氧化反应、抗粘度变化的能力自然要比矿物机油和半合成机油强得多。

（2）半合成机油　半合成机油是使用半合成基础油（即国际三类基础油）调制而成的机油，是在矿物油的基础上经过加氢裂变技术提纯后的产物。半合成机油的纯度非常接近全合成机油，但其成本较矿物机油略高；是矿物机油向全合成机油过渡的理想产品。

（3）矿物机油　矿物机油是市面上比较常用的机油，是在石油提炼过程中分馏出有用的物质，比如汽油和航空用油，之后再把剩余下来的底油进行加工提取。就本质而言，它运用的是原油中较差的成分。矿物机油价格低廉，使用寿命及润滑性能都不如合成机油，同时还对环境有较大的污染。另外，矿物油在提炼过程中因无法将所含的杂质完全除去，因此流动点较高，不适合低温地区使用。

2. 汽车机油的作用

发动机是汽车的“心脏”，发动机内有许多作相互摩擦运动的金属表面，这些部件运动速度快、环境差，工作温度可达 400～600℃。在这样恶劣的工况下面，只有合格的机油才可降低发动机零件的磨损，延长使用寿命。合格的机油应能起到以下作用：

（1）润滑减磨　活塞和气缸之间、主轴和轴承之间均存在着快速的相对滑动，要防止零件过快的磨损，则需要在两个滑动表面间建立油膜。有足够厚度的油膜将相对滑动的零件表面隔开，从而达到减少磨损的目的。

（2）冷却降温　机油能够将热量带回机油箱，再散发至空气中帮助散热器冷却发动机。

（3）清洗清洁　好的机油能够将发动机零件上的碳化物、油泥、磨损金属颗粒通过循环带回机油箱，通过机油的流动冲洗了零件工作面上产生的脏物。

（4）密封防漏　机油可以在活塞环与活塞之间形成一个密封圈，以减少气体的泄漏和防止外界的污染物进入。

（5）防锈防蚀　机油能吸附在零件表面防止水、空气、酸性物质以及有害气体与零件的接触。

（6）减振缓冲　当发动机气缸口压力急剧上升，突然使活塞、活塞销、连杆和曲轴轴承上的负荷增大，这时通过机油的润滑作用可以使各零部件承受的冲击载荷得到缓冲。

3. 汽车机油标识的含义

市面上品牌机油说明书上经常会出现“SAE”和“API”，“SAE”是用来评定机油粘度的，后面跟随的数字由 5 至 50 不等，数字越大机油越稠，反之越稀。“API”是评定机油优劣级数的，用“S”表示汽油（我国用“Q”表示汽油），“C”表示柴油，随后的英文字母表示机油级别，“A”是最低级，“G”是最高级，常用的有“C”、“D”和“F”等级别，例如“APICD”就表示“API”标准中用于柴油机的“D”级机油。

粘度是发动机机油最重要的特性之一，一般“油”的特性是低温渐稠、高温渐稀，与实际发动机工作需求背道而驰，可利用添加剂来改变油质本性。机油于发动机冷车起动低温时应具备高流动性（低粘度），才能迅速供应全部发动机机件润滑所需，将机油完成首次循环前的润滑不足时间减至最少，也使发动机磨损尽可能减至最低。随着发动机工作温度上升，机油粘度不会因此而变稀，油膜强度也不会衰减，这样才能提供完整的润滑功效。

二、自动变速器油液

自动变速器油（Automatic Transmission Fluid，简称 ATF），是指专用于自动变速器的油液。ATF 对自动变速器的工作、使用性能以及使用寿命都具有非常重要的影响。自动变速器

油液的功用有以下几种：

1）通过液力变矩器将发动机动力传递给变速器。

2）通过电子控制系统液压控制系统传递压力和运动，完成对各换挡元件的操纵。

3）将变速器中的热量带出，传递给冷却介质，达到冷却的目的。

4）对行星齿轮机构和摩擦副进行强制润滑，起到润滑的作用。

5）清洁运动零件，并起到密封的作用。

三、制动液

制动液是指汽车液压制动系统中传递制动压力的液态介质。

对汽车制动液的性能要求是：粘温性好，凝固点低，低温流动性好；沸点高，高温下不产生气阻；使用过程中品质变化小，并不会引起金属件和橡胶件的腐蚀和变质。制动液的类型有以下几种：

1）蓖麻油-醇型：用精制蓖麻油和乙醇按1∶1配制而成。在寒冷地区，用蓖麻油34%、丙三醇（甘油）13%、乙醇53%配制成的制动液，在-35℃左右仍能保证正常制动，但沸点低，易产生气阻。

2）合成型：用醚、醇、酯等掺入润滑剂、抗氧化剂、防锈剂、抗橡胶溶胀剂等添加剂制成，使用性能良好，工作温度可高达150℃，但价格较高。

3）矿油型：用精制的轻柴油馏分加入稠化剂和其他添加剂制成，工作温度范围为-70~150℃。它的使用性能良好，但制动系统须配用耐矿油的橡胶件。中国的矿油型制动液分“7号”和“9号”两种，“7号”用于严寒地区，“9号”用于气温不低于-25℃的地区。

四、冷却液

冷却液的全称应该叫防冻冷却液，意为有防冻功能的冷却液，可以防止寒冷季节停车时冷却液结冰而胀裂散热器和冻坏发动机气缸体。防冻液不仅仅是冬天用的，它应该全年使用，汽车正常的保养项目中，每行驶一年，需更换发动机防冻液一次。

由于冷却液是汽车发动机不可缺少的一部分。它在发动机冷却系统中循环流动，将发动机工作中产生的多余热量带走，使发动机能以正常工作温度运转。当冷却液不足时，将会使发动机冷却液温度过高，而导致发动机机件的损坏。车主一旦发现冷却液不足，应该及时添加。不过冷却液也不能随便添加，因为除了冷却作用外，冷却液还应具有以下功能：

1. 冬季防冻

为了防止汽车在冬季停车后，冷却液结冰而造成散热器、发动机气缸体胀裂，要求冷却液的冰点应低于该地区最低温度10℃左右，以备天气突变。

2. 防腐蚀

冷却系统中散热器、水泵、气缸体及气缸盖、分水管等部件是由钢、铸铁、黄铜、紫铜、铝、焊锡等金属制成，由于不同金属的电极电位不同，在电解质的作用下容易发生电化学腐蚀；同时冷却液中的二元醇类物质分解后形成的酸性产物、燃油燃烧后形成的酸性废气也可能渗透到冷却系统中，促使冷却系统腐蚀。冷却系统腐蚀会使散热器的下水室、喷油器隔套、冷却管道、接头以及散热器排气管发生故障，同时腐蚀产物堵塞管道，引起发动机过热甚至瘫痪；若腐蚀穿孔，冷却液渗入燃烧室或曲轴箱会产生严重的破坏，因为当冷却液或水与气缸和曲轴箱内壁的残留机油混合时，产生油污和胶质，削弱润滑，使得阀、液压阀推杆和活塞环粘结。因而冷却液中都加入一定量的防腐蚀添加剂，防止冷却系统产生腐蚀。

3. 防水垢

冷却液在循环中应尽可能少地减少水垢的产生，以免堵塞循环管道，影响冷却系统的散热功能。综上所述，在选用、添加冷却液时，应该慎重。首先，应该根据具体情况去选择合适配比的冷却液。其次，添加冷却液。将选择好配比的冷却液添加到散热器中，使液面达到规定位置即可。

4. 高沸点（防开锅）

符合国家标准的冷却液，沸点通常都是超过 105℃，比起水的沸点 100℃ 冷却液能耐受更高的温度而不沸腾（开锅），在一定程度上满足了高负荷发动机的散热冷却需要。

五、转向助力液

转向助力液是汽车液压转向助力泵里面用的一种特殊液体，与自动变速器油液、制动油液以及减振油液类似，通过液压起到传递转向力和缓冲的作用，可以使方向盘变得非常轻巧。

如果汽车转向助力液长期不进行更换，便会脏污、变质，更会影响转向助力泵的使用寿命。国内的汽车厂家并没有严格规定转向助力液的更换周期。大多数规范的汽车 4S 店会参考国外汽车公司的汽车保养要求，并结合目前我国的道路状况、空气质量和使用人员的技术水平等因素作出比较合理的规定。一般的规定是：为防止转向助力液过脏或变质，2 年或 3 万 km 更换一次转向助力液。

需要注意的是：转向助力液含有致癌物质，如果沾到皮肤，应及时清洗干净；同时，转向助力液具有腐蚀性，可能会导致油漆失去光泽，也可能会导致橡胶配件老化，若有沾染，应及时清洗。

六、风窗玻璃清洗液

优质的汽车风窗玻璃清洗液主要由水、酒精、乙二醇、缓蚀剂及多种表面活性剂组成，汽车风窗玻璃清洗液俗称玻璃水（即车窗净）。风窗玻璃清洗液应具有以下几个功用：

1）清洗性能。风窗玻璃清洗液是由多种表面活性剂及添加剂复配而成的。表面活性剂通常具有润湿、渗透、增溶等功能，从而起到清洗去污的作用。

2）防冻性能。有酒精、乙二醇的存在，能显著降低液体的冰点，从而起到防冻的作用，能很快溶解冰霜。

3）防雾性能。玻璃表面会形成一层单分子保护膜。这层保护膜能防止形成雾滴，保证风窗玻璃清澈透明，视野清晰。

4）抗静电性能。用清洗液清洗吸附在玻璃表面的物质，能消除玻璃表面的电荷，有抗静电性能。

5）润滑性能。车窗中含有乙二醇，粘度较大，可以起润滑作用，减少刮水器与玻璃之间的摩擦，防止玻璃表面产生划痕。

6）防腐蚀性能。清洗液中含有多种缓蚀剂，对各种金属没有任何腐蚀作用，对汽车的面漆、橡胶绝对安全。

七、蓄电池电解液

蓄电池电解液液位应在 UPPER 和 LOWER 之间，如图 8-1 所示。如果液位未超过 LOWER，则添加蒸馏水。

图 8-1　蓄电池液位检查

蓄电池电解液在使用过程中应当注意以下事项：

1. 不随意添加电解液和蒸馏水

在蓄电池日常维护中，当电解液不足时，一般应补加蒸馏水。有些驾驶员在正常使用中需补加蒸馏水时，习惯补加一些不同密度的电解液，结果使电解液密度越来越高。提高电解液密度可提高蓄电池端电压和电荷容量是相对而言的：一方面提高电解液密度可以提高蓄电池的电动势，使其端电压和电荷容量增加；但另一方面电解液密度过大，电解液粘度增加、内阻增大，使其渗透能力降低，反而会使蓄电池端电压和电荷容量下降，而且电解液密度过大还会造成极板硫化和隔板腐蚀等多种问题，使蓄电池使用寿命缩短。

有时电解液减少是由于蓄电池壳体破损出现裂缝或加液孔盖扣不严使电解液泄漏而造成的。而有些驾驶员往往在检查液面高度时不注意区分是因蓄电池壳体破损或其他原因造成电解液泄漏还是正常损耗，只要电解液液面一降低就加蒸馏水，结果造成电解液密度明显降低，使蓄电池不能正常工作。还有些驾驶员常常在收车后添加蒸馏水，结果所添加的蒸馏水不能与蓄电池原电解液充分混合，因而极易使蓄电池自行放电或损坏蓄电池极板，在严寒地区还会造成蓄电池局部结冰现象，影响蓄电池的使用寿命。反之，若在出车前给蓄电池添加蒸馏水，则由于汽车在行驶中发电机不断地给蓄电池充电，可使所加的蒸馏水与蓄电池内原电解液充分混合，蓄电池性能不会受影响。因此，应在出车前添加蒸馏水，而不宜在收车后添加蒸馏水。

2. 定期检查蓄电池电解液液面高度

若电解液数量不够，会导致极板上部与空气接触而硫化，降低蓄电池的电荷容量，缩短其使用寿命。一般在冬天每半个月检查 1 次，夏天高温水易蒸发，应每周检查 1 次。电解液液面高度一般为高出极板防护网 10 ~ 15mm。现在绝大多数蓄电池在外壳上都有电解液液面高度上、下限标记，电解液液面只要在规定范围内即可。

电解液液面过高，在车辆行驶过程中，电解液很容易从通气孔处溢出而腐蚀极柱，造成极柱接触不良或早期损坏。聚积在蓄电池盖上的电解液会使正、负极柱连通而构成回路，致使蓄电池自行放电。同时，电解液液面过高会造成蓄电池内部压力过大，严重时还会造成蓄电池爆炸。

对于目前广泛使用的免维护蓄电池，虽然在使用中不需要添加蒸馏水，但也应结合汽车定期维护检查电解液液面高度，不符合要求时应进行调整。

八、汽车燃油

汽车燃油主要指汽油机（点燃式发动机）用燃油和柴油机（压燃式发动机）用燃油，它们是当前汽车运行的主要动力来源。

1. 汽油

汽油的英文名缩写为 ULP，外观为透明液体，主要成分为 C4 ~ C12 脂肪烃和环烃类，并含少量芳香烃和硫化物。

所谓 90 号、93 号、97 号[⊖]无铅汽油，是指它们分别含有 90%、93%、97% 的抗爆燃能力强的异辛烷。于是辛烷值的高低就成了汽油发动机对抗爆燃能力高低的指标。应该用 97 号汽油的发动机，如果用 90 号汽油，当然容易产生爆燃。

2. 柴油

柴油是石油提炼后的一种油质的产物，它由不同的碳氢化合物混合组成。柴油也有不同的标号，划分柴油标号的依据则是柴油的凝固点。目前，国内应用的轻柴油按照凝固点的不同分为 6 个标号：5 号柴油、0 号柴油、-10 号柴油、-20 号柴油、-35 号柴油和 -50 号柴油。

【活动实施】

一、汽车机油的使用要点

1. 汽车机油的级别

汽车发动机的保养特别重要，在进行机油更换时，汽车机油的选用也十分重要。新型号的发动机对机油使用级别要求更高。

在选用机油的时候，您一定要严格按照汽车使用说明书所规定的机油使用级选用，若无相同级别的机油，那么可以使用高一级的机油，但绝不能用低级别的代替。

2. 汽车机油的粘度级

一般情况下您不需要为选用什么粘度级的机油而操心，我们会为您提供无微不至的售后服务。不过了解一些相关常识对您需要长途驾车时是有好处的。

机油粘度级选择的主要依据是环境温度的高低。一般情况下，在 4~9 月全国大部分地区都可选用 20~40 号的各级夏季用机油。冬季用机油的选择就要注意了，在我国长江以南、南岭以北地区，冬季最低温度可达 -10~0℃，可用 25W 级；在黄河以南、长江以北地区，冬季最低温度可达 -5~-15℃，可用 20W 级；在华北、中西部以及黄河以北地区，冬季最低温度可达 -15~-25℃，可用 15W 或 10W 级；而在东北、西北等严寒地区，冬季最低温度可达 -25~-30℃，要用 5W 级；对于其他高寒地区，冬季最低温度也能到 -30℃以下，就需要用 0W 级。

当然，如果嫌换机油麻烦，也可以选用冬夏两用的多级机油，耐用温差越大的机油则意味着更高的价格。需要注意的是，在选用机油的粘度级时还必须考虑发动机的负荷、转速和磨损情况。如果发动机负荷大、转速低或磨损严重，则应该选用粘度较大的机油。

3. 汽车机油的更换周期

想要让您的座驾始终保持顺畅地运转，就要按时更换机油。一般新车说明书上都规定了机油的更换周期，这个周期是机油的最长更换周期，实际使用中如果能提前更换当然更好，那样不会出任何问题。新车第一次换机油的行驶里程要短一些，在汽车使用说明书上都有规定，以后，每 5000~10 000km 换 1 次机油，如果汽车使用频次少，要几年才能跑满

⊖ 目前我国正在逐步实行汽油新标准，新油品中硫含量大幅降低。因辛烷值发生变化，所以汽油牌号由原来的 90 号、93 号、97 号分别调整为 89 号、92 号、95 号。

10 000km，那就按时间来换，可以每2年换1次，但更换周期不能太长，因为时间长了机油会变质。

还有一点要注意的是，机油也有消耗，在发动机工作期间，正常情况下都有烧机油的现象，只是量多量少的问题，一般都比较轻微，但仍然应该用油尺定期检查油面高度，发现不足及时补充。如果你发现机油消耗量突然变大，那就应当注意一下，这有可能是因活塞环或者气阀杆磨损加大而造成的，无论是什么原因，都要及时检查并消除。

4. 常见的汽车机油使用误区

汽车机油在维修保养时使用的频率非常高。优质机油除了能保护发动机、减少换油的次数外，还能节省汽油开销。同时也要注意不要因机油使用不当而引起汽车故障，不当的使用方法一般源于对机油的一些误解。

（1）误解一：机油能多加就多加　机油量应该控制在机油尺的上、下刻度线之间为好（如图8-2所示中的b），因为机油过多就会从气缸与活塞的间隙中窜入燃烧室燃烧形成积炭。这些积炭会提高发动机压缩比，增加产生爆燃的倾向；积炭在气缸内呈红热状态还容易引起早燃，如果落入气缸，则不仅会加剧气缸和活塞的磨损，还会加速污染机油。其次，机油过多增加了曲轴连杆的搅拌阻力，使燃油消耗增大。

图8-2　机油尺刻度

a—机油最高液面刻度
b—机油正常液面区间
c—机油最低液面刻度

（2）误解二：什么时候机油变黑了，就该换油了　这种理解并不全面。对于没有加清净分散剂的机油来说，颜色变黑的确是油品已严重变质的表现，但现代汽车使用的机油一般都加有清净分解剂。这种清净分解剂将粘附在活塞上的胶膜和黑色积炭洗涤下来，并分散在油中，减少发动机高温沉淀物的生成，故机油使用一段时间后颜色容易变黑，但这时的油品并未完全变质。

（3）误解三：机油经常添不用换　经常检查机油是正确的，但只补充不更换只能弥补机油油量上的不足，却无法完全补偿机油性能的损失。机油在使用过程中，由于污染、氧化等原因质量会逐渐下降，同时还会有一些消耗，使油量减少。

（4）误区四：添加剂用处大　真正优质的机油是具备多种发动机保护功能的成品，配方中已含有多种添加剂，其中包括抗磨剂，而且机油最讲究配方的均衡，以保障各种性能的充分发挥。自行添加其他添加剂不仅不能给车辆带来额外保护，反而易与机油中的化学物质发生反应，造成机油综合性能的下降。

二、自动变速器油的检查方法

在进行日常使用维护的时候，除了关注发动机，对自动变速器进行维护也是非常重要的。这其中对自动变速器油（ATF）的检查是极其重要的工作，检查内容主要包括油质检查、油量检查和漏油检查。懂得一些检查知识能让您及时掌握爱车的使用状况，避免不必要的故障。

1. 油质检查

检查油质、颜色、气味和杂质，确认自动变速器油（ATF）是否过热变质。一般自动变速器油（ATF）染成红色，油质清澈纯净，如颜色变黑、有烧焦味且含有杂质，则予以更换。

2. 油量检查

自动变速器油（ATF）油面高度不正常造成的故障，占自动变速器常见故障的20%～30%，因此在汽车行驶过程中必须给予足够的重视。油面高度的检查要在规定的条件下进行：

运行车辆，使发动机和变速器处于正常的工作温度，然后将车辆停在水平路面上，并拉紧驻车制动杆，同时，发动机怠速运转，将变速杆从P位换入各挡位后回到P位后，将自动变速器油（ATF）油尺拉出擦净，再全部插入管内；再次将油尺拉出，检查油位是否在HOT（热）范围内。倘若在热机后，开车之前，液温在30℃到50℃时。用油尺上COLD（冷）范围检查液面，但还要用HOT（热）范围再进行检查。自动变速器油（ATF）油尺检查如图8-3所示。

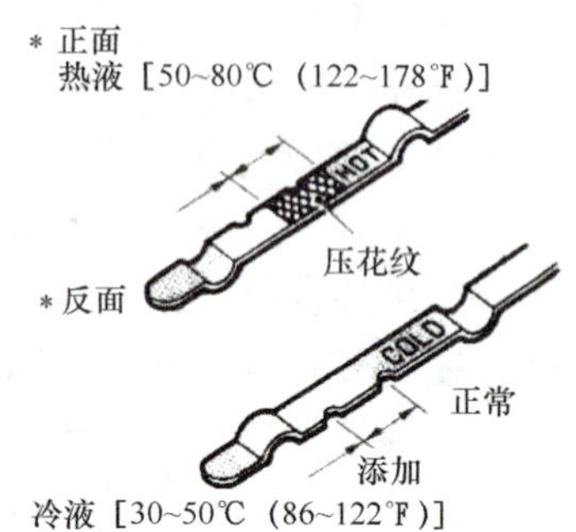

图8-3　自动变速器油（ATF）油尺检查

如果车辆已高速行驶了很长时间，或在炎热的气候下在城区行驶，或刚拖过拖斗车，则不能得到液面高度的准确读数，此时需待油液冷却约30min左右后再进行检查。

三、制动液的使用注意事项

1. 制动液的功用

制动性能一直是事关生命安全的重要性能之一，制动液液位也是车辆在行驶一定公里数后需要进行检查的日常项目之一。

在黑色的塑料或半透明式的制动液罐上，有的仅标有MAX加注记号，有仅标有MIN加注记号，有的则既标有MAX又标有MIN加注记号，如图8-4所示。任何时候都不能让制动液液位过高，因为制动液过量会挤压制动液罐盖上的密封件。如果制动液液位极低或者制动器警告灯闪亮，则应检查系统有无渗漏和空气污染，需要时进行必要的修理。

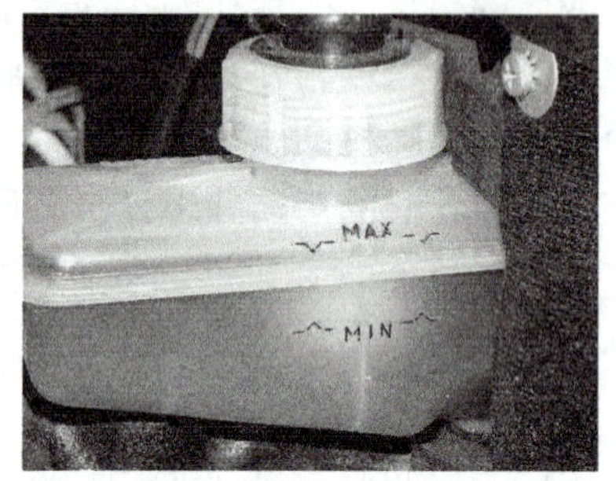

图8-4　制动液液位

2. 制动液使用注意事项

1）如果不小心将汽油、柴油、机油或者玻璃水混入制动液，则会大大影响制动效果，应该及时更换。

2）装有制动液液位报警装置的车辆，应该随时观察警告灯是否闪亮，报警传感器性能是否良好，当制动液不足的时候应及时添加，储存的制动液应该保持在标定的最低容量刻度和最高容量刻度之间。

3）车辆在正常行驶中，若出现制动忽轻忽重时，要对制动液及时进行更换，在更换之前先用酒精将制动系统清洗干净。

4）车辆制动出现跑偏时，要对制动系统进行全面检查。若发现制动轮缸皮碗膨胀过大，就说明制动液质量可能存在问题。这时应选择质量比较好的制动液予以更换，同时更换皮碗。

5）换季时，尤其在冬季，要是发现制动效果下降，则有可能是制动液的级别不适应冬季气候，此时更换新制动液就要选择在低温下粘度偏小的制动液。

6）不同类型和不同品牌的制动液不要混合使用，对有特殊要求的制动系统，应加注特

定牌号的制动液。由于不同品牌和不同类型的制动液的配方不同，混合制动液会造成制动液性能指标下降。即使是那些互溶性比较好，标明能混用或可替代的品牌，使用中也不尽如人意，因此也不要长期使用。

7）当制动液中混入或吸入水分，或者是发现制动液中有杂质或沉淀物时，应该及时进行更换或者认真地进行过滤，否则会造成制动压力不足，从而影响制动效果。

四、冷却液的使用知识

1. 冷却液的类型区别

发动机冷却液，常见的就是乙二醇-水溶液。由于现代汽车工艺的要求，冷却液中添加了很多的添加剂，以保护各式各样的发动机。这些添加剂的不同，导致冷却液分成几个类型，看看您的爱车适用的是哪一种。

（1）美国车系的冷却液　美国车系使用的是有机酸冷却液，代表产品有 DEX-COOL 冷却液、GM 通用的装车冷却液、零售市场上的加德士特效防冻防腐液等。

有机酸冷却液不含硅、胺、硼、磷、亚硝酸盐等对人体或者环境有害的物质，同时有机酸不易消耗和分解，因此可以维持比较长的寿命，OAT 都是长效冷却液，推荐更换周期 5 年或者 25 万 kM。

（2）日本车系的冷却液　日本车系用的冷却液一般都含磷酸盐，不含硅酸盐和亚硝酸盐添加剂。而我们市面上绝大多数劣质冷却液都含亚硝酸盐，正品冷却液都是硅酸盐型，因此日本车不能替代市面上大部分冷却液。

（3）欧洲车系的冷却液　欧洲是国际上对环保最重视的地区，因此欧洲车使用的冷却液，除了 DEX-COOL 类型的有机酸冷却液外，绝大多数是复合型的冷却液。欧洲车冷却液中拒绝胺、硼、磷、亚硝酸盐，但允许含有较低量的硅酸盐以保护铝合金发动机。

2. 冷却液液位的检查

发动机冷却液的液位不对是非常严重的问题，那会直接导致您的车不能维持在正常的工作温度，随时会出现问题。

您需要观察冷却液储液罐，看冷却液的液位处于什么位置。冷却液储液罐位于车辆左侧（面对车辆），其外形为球状，近似透明的塑料材质，其上盖为蓝色。原车内装的冷却液为粉红色。如图 8-5 所示，在该车发动机冷却液液罐上，设有冷却液的上下限，冷却液液位应位于上下限之间（一般在检查冷却液液位时应在冷车状态进行）。

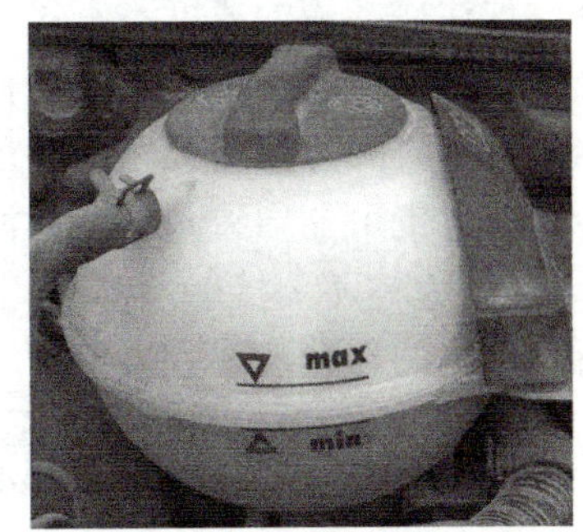

图 8-5　冷却液液位

3. 冷却液选择使用及加注常识

1）要坚持常年使用冷却液。对于传统发动机，能够保证发动机正常工作的冷却液温度值为 80～90℃，但对于电控发动机，由于其高转速、高压缩比和高功率的工作特点，其机械负荷及热负荷较大，摩擦热较高，因而对冷却液正常工作温度的要求已提高到 95～105℃。这与人们形成的传统发动机冷却液“正常水温”观点不同，需要人们转变认识观念。而且要注意冷却液使用的连续性，那种只想在冬季使用的观点是错误的，只知道冷却液的防冻功能，而忽视了冷却液的防腐、防沸、防垢等作用。

2）正确选用冷却液时，其冰点要低于环境最低温度10℃左右。目前，汽车配件市场上的冷却液种类多，冷却液实际上只是防冻液，大多使用醇和水混合后添加色素制成，其中并没有添加防腐剂，其沸点在90℃左右，腐蚀性较强，易导致发动机过热现象的发生。此外，不同配方的冷却液不能混用，否则易引起化学反应，生成沉淀或气泡，降低使用效果。在更换冷却液时，应先将冷却系统用净水冲洗干净，然后再加入新的冷却液。用剩的冷却液应在容器上注明名称以免混淆。

3）不要加井水、污水。水就其是否溶解有矿物质来说，可分为硬水和软水两种。硬水中含有铁、钙、镁等离子，未经处理的井水、泉水就属于硬水，如果向发动机中加注这类硬水，经发动机加热蒸发后，就会产生碳酸钙、硫酸钙等化合物，沉淀下来就会形成水垢。而水垢一方面是热的不良导体，另一方面当水垢增加到一定程度时，就会使管路变窄，水的流量随之减少，就会影响发动机散热，造成发动机过热。而污水中含有泥沙和腐烂的有机物，易腐蚀散热器和气缸体水套，影响其使用寿命。

4）不要不管不问。发动机加注长效冷却液，在工作一段时间后，应打开散热器盖进行检查，当散热器出现水污、水锈和沉淀物时，应及时更换冷却液。

5）不要缺水运行。高温天气行车，散热器内的冷却液蒸发加快，要时刻注意检查冷却液液量，注意观察冷却液温度表。散热器如果不完全加满，冷却液在水套内循环就存在问题，冷却液温度容易升高造成“开锅”。有的车，加水时不易加满，其散热器位置较发动机低，加水时散热器加水口显示已经加满，但实际上发动机水套内缺水。如贸然行车，散热器易“开锅”。对于这类车，正确的方法是：应在加水口显示加满后，起动发动机运转，待发动机温度升高至节温器开启时，水套内的空气排出后，水面就会下降，此时再将散热器加满即可。对于轿车，冷却液液面应位于膨胀罐外表面“高”线和“低”线之间。

6）散热器“开锅”时不要贸然开盖。因为“开锅”时，散热器内温度很高（至少100℃），压力大，突然开启散热器盖，滚开的冷却液及水蒸气便会向外急速喷出，易烫伤加冷却液者。出现“开锅”时一般应怠速运转，等发动机温度降下来后再开盖加注冷却液。如时间紧迫，可先用湿布盖住散热器盖，再用湿毛巾包住手，然后慢慢将散热器盖打开。另外，加注冷却液的速度不宜过快，应缓缓加入。

7）特殊情况不得不加冷却液时不要将冷却液洒到发动机上。加冷却液时，若将冷却液洒到发动机的火花塞孔座、高压线插孔和分电器上，都可能会对跳火产生影响；冷却液溅到传动带上也可能导致其打滑；洒到机体上还有可能导致机体变形甚至产生裂纹。

8）人体不要接触冷却液　冷却液及其添加剂均为有毒物质，请勿接触，并置于安全场所。放出的冷却液不宜再使用，应严格按照有关法规处理废弃的冷却液。

五、转向助力液的使用知识

1. 转向助力液液位的检查

转向助力装置已经成为了市面上轿车的标配之一。作为转向助力装置的传动介质，当转向助力液缺失时，将可能造成转向助力泵的损坏，因此检查动力转向泵液面高度也应被列为常规检查的项目之一。转向助力液储液罐上同样也清楚地标明了MAX和MIN的标线，可供准确观察具体高度，如图8-6所示。转向助力液液位不得高也不得低，应当在上、下限刻度线之间。

2. 转向助力液使用注意事项

1）转向助力液含有致癌物质，如果沾到皮肤，应及时清洗干净。

2）转向助力液有腐蚀性，可能导致油漆失去光泽，也会导致橡胶配件老化，如有沾染应及时清洗。

3）配有液力转向助力系统的汽车，在使用过程中应避免将方向盘转到极限位置，因为长时间这样会烧蚀助力转向油泵。

六、风窗玻璃清洗液液位检查

对于风窗玻璃清洗液液位的检查，大家一般都是凭感觉，认为只要风窗玻璃清洗液储液罐（见图8-7）内有清洗液即可。不过当储液罐内液位很低时就要及时添加了，以防急需。

图8-6　转向助力液液位

图8-7　风窗玻璃清洗液储液罐

七、燃油的选用知识

1. 汽油的选用常识

您的车应该使用什么牌号的汽油，在车主手册上会告诉您。为什么是使用这个牌号？因为您的车所搭载的发动机，它的压缩比是决定选用汽油标号的最重要参数。

并无十分统一的标准规定什么压缩比用什么样标号的汽油，而且随着爆燃传感器和点火提前角自动调整技术的广泛应用，高压缩比汽车也可以使用比较低标号的汽油。目前，在国际汽车行业的实践中，广泛采用以下的用油标准：

90号汽油——适用于发动机压缩比在8.5以下的汽油汽车。

93号汽油——适用于发动机压缩比在8.6~9.9之间的汽油汽车。

97号汽油——适用于发动机压缩比在10.0~11.5之间的汽油汽车。

98号汽油——适用于发动机压缩比在11.6以上的汽油汽车。

值得注意的是，部分汽车4S店有一种误导，那就是鼓励车主尽量用高标号的汽油，这是错误的观念。高标号的油，抗压性好，不易产生爆燃，但燃烧速度相对较慢，这会影响到发动机的动力性和发动机机体的温度，燃烧速度慢会使发动机动力下降而温度升高，这对发动机不利；低标号的油，燃烧速度较快，但抗压能力又不够，容易形成爆燃。因此，在有效消除爆燃的前提下，用低标号的油会比用高标号的油动力更好，更省油，对发动机的温度、润滑等都有利。

对您来说，正确的做法是：什么样的油能使您的车动力最好又最省油，那这种油就是最适合您的车的油。厂家给您推荐的牌号是经过精密计算和试验的，是值得信赖的。用对了油，不仅动力上升又省油，而且发动机声音也会变得平顺平和、温度适中、润滑良好。

2. 柴油的选用常识

选用不同标号的柴油，应主要根据使用时的气温决定。例如：5 号柴油适合于气温在 8℃以上时使用；0 号柴油适用于气温在 8 ~4℃时使用； －10 号柴油适用于气温在 －5 ~4℃时使用； －20 号柴油适用于气温在 －5 ~ 14℃时使用； －35 号柴油适用于气温在 －14 ~ －29℃时使用； －50 号柴油适用于气温在 －29 ~ －44℃或者低于该温度时使用。选用柴油的标号如果不适合使用温度区间，发动机中的燃油系统就可能结蜡，堵塞油路，影响发动机的正常工作。柴油的标号越低，结蜡的可能性就越小，当然价格也就越高。在适用于一个标号柴油的温度区间内而选用低一级标号的柴油当然更好。

练习题 15

某客户，在购买某品牌进口 SUV（图 8-8）时提及自己经常会驾车远行，且很多时候会往返于南北气温温差较大的地方。你作为一名销售顾问，在推介汽车的同时，也应在车辆使用方面适时给客户一些科学合理的建议和意见。

提示：

车辆往返于温差较大的地方，应提示客户注意选择合理的汽油牌号、选择适应性大的机油牌号和冷却液成分。

图 8-8　某品牌进口 SUV

活动16　汽车轮胎的使用

【活动描述】

在某汽车销售公司正在交车区域进行最后的车辆交付程序，销售顾问此时正在给客户进行

轮胎使用及注意事项的介绍。在本活动中，作为销售顾问要向顾客介绍轮胎使用及注意事项。

【知识准备】

一、轮胎的作用

轮胎是汽车的重要部件之一，它直接与路面接触，和汽车悬架共同来缓和汽车行驶时所受到的冲击，保证汽车具有良好的乘坐舒适性和行驶平顺性；保证车轮和路面之间有良好的附着性，以提高汽车的牵引性、制动性和通过性；同时它还承受着汽车的重量。

二、轮胎的类型

轮胎按照结构类型可分为斜交轮胎和子午线轮胎两种。

（1）斜交轮胎　斜交轮胎是一种老式结构的轮胎。其中外胎是由胎面、帘布层（胎体）、缓冲层及胎圈组成；帘布层是外胎的骨架，用以保持外胎的形状和尺寸，通常由成双数的多层挂胶布（帘布）用橡胶粘合而成；帘布的帘线与胎面中心线约呈35°角，从一侧胎边穿过胎面到另一侧胎边。在选用尼龙、聚酯纤维或钢丝等高强度帘线材料时，可大大提高轮胎的负荷承载能力，改善轮胎的使用性能，是现代汽车常用的一种轮胎。斜交轮胎的结构如图8-9所示。

（2）子午线轮胎　子午线轮胎胎体的帘线排列与外胎断面接近平行，像地球子午线排列，帘线角度小，一般为0°，胎体帘线之间没有维系交点，当轮胎在行驶过程中，冠部周围应力增大，会造成周向伸张，胎体呈辐射状裂口。因此，子午线轮胎的缓冲层采用接近周向排列的帘线层，与胎体帘线角度成90°相交，故称为子午线轮胎。由于这种排列，使帘线的强度能够得到充分利用，子午线轮胎的帘布层数比普通轮胎少40%～50%。另外，子午线轮胎还具有使用寿命长、负荷能力大、滚动阻力小以及附着性和缓冲性好等优点，现已广为应用。子午线轮胎的结构如图8-10所示。

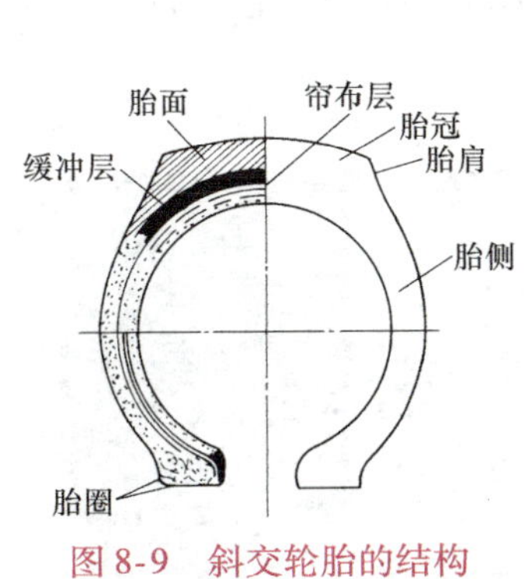

图8-9　斜交轮胎的结构

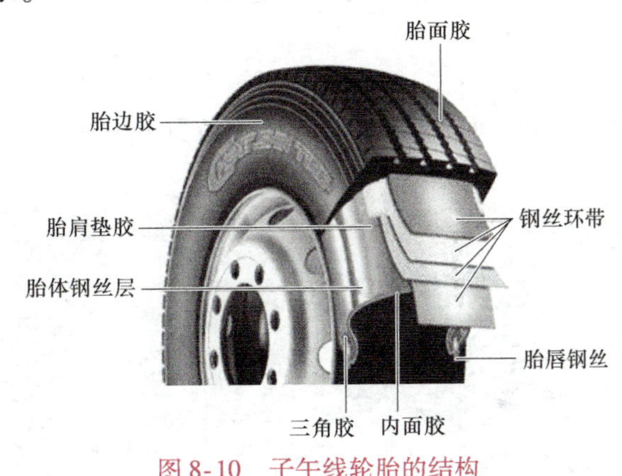

图8-10　子午线轮胎的结构

【活动实施】

一、轮胎的使用及注意事项

1. 轮胎胎压

小型汽车的轮胎气压是有统一标准的，就是不论你的车是轿车还是越野汽车，轮胎气压都在 1.9～3.5kg/cm²，并根据具体的使用情况来进行调整。

一般在城市中正常使用时轮胎气压调整在 2.2～2.7kg/cm²，再具体点是在 2.3kg/cm²。

新车出厂时轮胎压力都是为 3.5kg/cm²，这是为了在长时间停车时不影响轮胎的变形而特别增加的压力，买新车的朋友可不要以为这是标准的轮胎气压。

轮胎气压按 2.5kg/cm² 为中间值，低于 2.5kg/cm² 且高于 1.9kg/cm² 的轮胎比较软，轮胎抓地性好，轮胎有一定的减振效果，但油耗略有增加。

高于 2.5kg/cm² 且低于 3.5kg/cm² 的轮胎比较硬，轮胎抓地性差，轮胎减振效果较差，但油耗略有下降。

越野汽车在强越野路段以低压 1.6～2.2kg/cm² 的压力行驶可以改善轮胎的减振效果和抓地性，增强通过能力，但油耗会有所增加。这时转动方向盘的感觉会变得沉重。

以 3.0kg/cm² 以上的胎压行驶时，轮胎的抓地能力下降，方向变轻，车辆的操控能力下降，制动距离明显增大。

建议各位车主检查一下自己的车胎压力，保持轮胎压力在 2.3～2.7kg/cm² 间，最好是在 2.3～2.5kg/cm²，这时的轮胎压力可以使汽车达到最佳的操控和舒适度，以及使轮胎达到最佳的工作状态。

汽车在正常装备下，轮胎压力在 2.2～2.5kg/cm²，停放在平坦路面上时，轮胎的目测感觉是有点瘪，这其实是正常的状态，因为现在决大多数小型汽车装备的都是子午线轮胎，而子午线轮胎的特点是停放时会有点瘪，汽车开动后在车速超过 20km/h 后轮胎会鼓起来达到正常的工作状态。

各位可以在路边留心观察一下在行驶的车辆轮胎，再和停放的车辆轮胎作个比较就可以看出，行驶车辆的轮胎是圆圆的、鼓起来的，而停放车辆的轮胎的落地部分是有点瘪的。

汽车在使用中，如果经常是不载人和重物的情况下，则可以将轮胎压力调整得低一些（2.2～2.5kg/cm²）；如果经常是满载人和重物的情况下，则可以将轮胎压力调整得高一些（2.5～3.0kg/cm²）。

关于轮胎的正确气压，每辆车上都有标签，这些标签一般贴在驾驶员座位的车门边上或燃油箱盖的背面。轮胎气压正确值位置如图 8-11 所示。

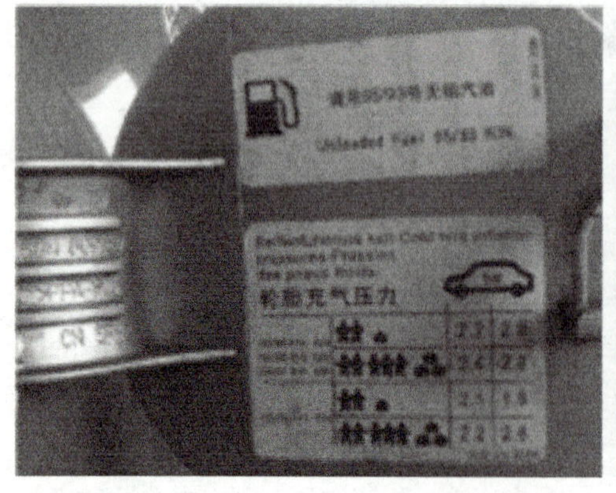

图 8-11　轮胎气压正确值位置

2. 备胎

一般轿车都会备有一个备用轮胎，按照备胎尺寸大小的不同可以分为全尺寸备胎、非全尺寸备胎和无备胎。

（1）全尺寸备胎　全尺寸备胎顾名思义就是规格与原汽车轮胎规格相同的备胎，如图 8-12 所示。

（2）非全尺寸备胎　非全尺寸备胎是指比常用胎的轮胎直径略小、宽度较窄的备胎，如图 8-13 所示。非全尺寸备胎也只能作暂时性更换，并且最高车速不超过 80km/h。

图 8-12　全尺寸备胎

图 8-13　非全尺寸备胎

（3）无备胎　无备胎时，一般是车辆上安装了零压续行轮胎，或者是车辆上配有气泵和补胎剂（图 8-14）以供临时修补。

图 8-14　补胎剂

无论是何种备胎，实际上都是应急使用，而不是长期使用。因此汽车一定要严格按照说明在规定车速以下行驶，并尽快修补好轮胎以将备胎换下。

3. 备胎的注意事项

很多车主对四个使用中的轮胎都很在意，对轮胎的检查和四轮换位等相关知识也有一定的了解，但是常常会忽视了对备胎的保养。提醒广大车友注意：要对备胎进行日常检查，不要等到某个轮胎发生意外状况，取出备胎时才发现备胎已经无法使用。因此，备胎的使用注意事项因遵循以下几点。

（1）定期检测备胎　日常保养中或者长途出游前，很少有车主对备胎进行检测，而一些不专业的汽车维修店也经常会疏忽这一点。备胎检测主要是检测胎压及检查有无磨损和裂痕，在胎纹磨损到磨损标志线之前，要尽早对轮胎进行更换。如果轮胎的胎侧有细小裂纹，就不能用它跑长途或高速行车，因为轮胎侧壁较薄，高速行车容易发生爆胎。

（2）油品与备胎不应放在一起　轮胎的主要成分是橡胶，而橡胶最怕的就是各种油品的侵蚀。车主经常在行李箱内存放润滑油等油品，这些油一旦沾到轮胎，就会使轮胎发生胀蚀，将大大缩短轮胎的使用寿命。如果轮胎沾到油污，要及时用中性的洗涤剂把油污冲洗掉。

（3）备胎使用寿命4年左右　很多车主认为，只要把备胎一直放在行李箱里不使用，就可以“长命百岁”，这是不对的。经常会出现这样的情况：车主在爆胎后想更换备胎，但却发现备胎在放置多年后已严重老化，早已是废胎。这是因为轮胎是橡胶制品，存放时间太长会出现老化现象，一般轮胎的老化期为4年左右，因此，到4年之后就应该更换备胎。

（4）备胎不应长时间使用　备胎因为使用频率低、与地面的摩擦少，而且部分备胎的尺寸会比正胎尺寸小一些，其扁平率、胎宽或轮胎直径都与正常使用的轮胎不一样，因此换上备胎后，四条胎的摩擦因数不同，地面附着力不同，气压不同，长时间使用会对车辆的制动系统、转向系统及悬挂系统产生一定的影响，给行车安全带来隐患，还会使同向的其他轮胎产生摩擦不均匀等现象。

（5）修补后轮胎放后轮　有的车主会将修补过的轮胎作为备胎，这些轮胎如果要再次使用，一定要放在非驱动轮上，一般我们驾驶的中级及以下的车辆都是前驱车，而且由于前轮爆胎后汽车的方向更不容易控制，所以修补后的轮胎要放在后轮。另外，使用备胎尤其是小型化的备胎时，要注意控制车速，一般的情况下以不超过80km/h为宜。

练习题16

某客户在购买一辆轿车（图8-15）后，对该车的轮胎想进行升级，更换成更高规格的轮胎。作为销售顾问，可以给他合理的推荐建议。

提示：

提出此类想法的客户大多属于年轻人，他们喜欢追求车辆外观的视觉效果或者车辆的驾驶感觉，但不一定具有专业的汽车知识。所以应该介绍给客户车辆轮胎的规格和轮毂尺寸的相关信息。

图8-15　某品牌家用轿车

活动17　新车险种的选择

【活动描述】

在某汽车销售公司，销售顾问正在洽谈桌上给客户进行新车常用保险的推荐。在本活动中，作为销售顾问针对新车常用的保险种类向顾客进行推荐。

【知识准备】

一、机动车交通事故责任强制保险

1. 概述

机动车交通事故责任强制保险，简称“交强险”，是我国应《道路交通安全法》的实行推出的针对机动车的车辆险种，于2006年7月1日正式施行，根据配套措施的最终确立，于2007年7月1日正式普遍推行。按照《机动车交通事故责任强制保险条例》（简称“交强险条例”）的规定，“交强险”是由保险公司对被保险机动车发生道路交通事故造成受害人（不包括本车人员和被保险人）的人身伤亡、财产损失，在责任限额内予以赔偿的强制性责任保险，属于责任保险的一种。

2. 责任赔偿限额

赔偿限额应当满足交通事故受害人基本保障的需要，与国民经济的发展水平和消费者的支付能力相适应。国内其他行业和一些地区赔偿标准的有关规定如下：

（1）机动车在道路交通事故中有责任的赔偿限额

1）死亡伤残赔偿限额：110 000元人民币。

2）医疗费用赔偿限额：10 000元人民币。

3）财产损失赔偿限额：2 000元人民币。

（2）机动车在道路交通事故中无责任的赔偿限额

1）死亡伤残赔偿限额：11 000元人民币。

2）医疗费用赔偿限额：1 000元人民币。

3）财产损失赔偿限额：100元人民币。

二、车辆损失险

1. 概述

车辆损失险是指保障自然灾害和意外事故造成投保车辆本身的损失。大多数保险公司的车辆损失保险一般保障的是因雷击、暴风、暴雨、洪水等自然灾害和碰撞、倾覆等意外事故造成保险车辆的损失以及相关的施救费用。

2. 车辆损失险赔偿细则

1）被保险人或其允许的合格驾驶员在使用保险车辆过程中，因下列原因造成保险车辆的损失，保险人负责赔偿。

① 碰撞、倾覆。

② 火灾、爆炸。

③ 外界物体倒塌、空中运行物体坠落、保险车辆在行驶中平行坠落。

④ 雷击、暴风、龙卷风、暴雨、洪水、海啸、地陷、冰陷、崖崩、雪崩、雹灾、泥石流、滑坡。

⑤ 载运保险车辆的渡船遭受自然灾害（只限于有驾驶员随车照料者）。

2）发生保险事故时，被保险人或其允许的合格驾驶员对保险车辆采取施救、保护措施所支出的合理费用，保险人负责赔偿。但此项费用的最高赔偿金额以保险金额为限。

3）关于保险赔偿。

① 赔偿项目：包括被保险车辆由于保险责任事故造成损坏而产生的修理费用，以及对车辆采取的合理的施救费（保险车辆失去正常行使能力情况下的拖运费）。

在抢救过程中使用他人（非专业消防单位）的消防设备所消耗的合理费用因抢救而损坏他人财产，应该由被保险人承担的部分。

非雇佣拖车在拖运途中发生意外事故，导致保险车辆损失扩大的部分及保护措施所支出的合理费用。

② 赔偿额度：保险公司会根据事故车辆在事故中所负责任的大小，赔偿所有应赔偿总金额的80%～95%（其余部分为保险条款规定的免于赔偿的部分）。被保险人在事故中负全部责任的，保险公司赔偿80%；被保险人负主要责任的，保险公司赔偿85%；事故双方负同等责任的，保险公司赔偿90%；被保险人负次要责任的，保险公司赔偿95%。

三、第三者责任险

1. 概述

第三者责任险（简称“三责险”）是指被保险人或其允许的驾驶人员在使用保险车辆过程中发生意外事故，致使第三者遭受人身伤亡或财产直接损毁，依法应当由被保险人承担的经济责任，保险公司负责赔偿。同时，若经保险公司书面同意，被保险人因此发生仲裁或诉讼费用的，保险公司在责任限额以外进行赔偿，但最高不超过责任限额的30%。

2. 责任限额

每次事故的责任限额，由投保人和保险人在签订保险合同时按5万元、10万元、20万元、30万元、50万元、100万元和100万元以上不超过1000万元的档次协商确定。第三者责任险的每次事故的最高赔偿限额应根据不同车辆种类选择确定。确定方式如下：

① 在不同区域内，摩托车、拖拉机的最高赔偿限额分4个档次：2万元、5万元、10万元和20万元。摩托车、拖拉机的每次事故最高赔偿限额因不同区域其选择原则是不同的，与《汽车保险费率规章》有关摩托车、拖拉机定额保单销售区域的划分相一致。即：广东、福建、浙江、江苏4省以及直辖市（北京、上海、天津、重庆）、计划单列市（深圳、厦门、宁波、青岛、大连）、各省省会城市、各自治区首府城市属于A类；最低选择5万元，其他区域属于B类，最低选择2万元。

② 除摩托车、拖拉机外的其他汽车第三者责任险的最高赔偿限额分为6个档次：5万元、10万元、20万元、30万元、50万元、100万元和100万元以上，且最高不超过1000万元。例如，6座以下的客车分为5万元、10万元、20万元、50万元、100万元及100万元以上不超过1000万元等档次，供投保人和保险人在投保时自行协商选择确定。

③ 主车与挂车连接时发生保险事故，保险人在主车的责任限额内承担赔偿责任。发生保险事故时，挂车引起的赔偿责任视同主车引起的赔偿责任。保险人对挂车赔偿责任与主车赔偿责任所负赔偿金额之和，以主车赔偿限额为限。

四、不计免赔特约险

所谓不计免赔特约险，是指车险中的不计免赔特约条款，它属于商业附加险的一种。该险种通常是指经特别约定，在保险事故发生后，按照对应投保的主险条款规定的免赔率计算

的、应当由被保险人自行承担的免赔额部分，保险人负责赔偿的一种保险。投保后，车主不仅可以享受到按照保险条款，应由保险公司承担的那一部分赔偿；还可享受到由于车主在事故中负有责任，而应自行承担的那部分金额赔偿。按照保险对象的不同，不计免赔险又可分为基本险的不计免赔和附加险的不计免赔，车主在投保时应详细了解。

五、盗抢险

1. 概述

盗抢险全称为机动车辆全车盗抢险，机动车辆全车盗抢险的保险责任为全车被盗窃、被抢劫、被抢夺而造成的车辆损失以及在被盗窃、被抢劫、被抢夺期间受到损坏或车上零部件、附属设备丢失而需要修复的合理费用。可见，机动车辆全车盗抢险的保险责任包含两部分：一是因被盗窃、被抢劫、被抢夺造成的保险车辆的损失；二是因保险车辆被盗窃、被抢劫、被抢夺造成的合理费用的支出。对于上述两部分费用，由保险公司在保险金额内负责赔偿保险车辆全车被盗窃、被抢劫、被抢夺造成的损失。

2. 适用范围

盗抢险保障的是全车被盗抢造成的全车损失或因此造成的其他保险车辆损失。如果你的车发生被偷被盗，则保险公司应按条款进行赔偿。若存在以下任意一种情况，则建议购买该险种，如无固定车库，一般停在露天停车场或者常常出差在外，无固定停车地点，以及购买的新车是以贷款方式购买。

3. 赔偿范围

1）被保险车辆全车被盗窃或被抢劫，对被保险人造成的直接经济损失。在车辆被盗抢三个月后，保险人按保险金额或发生保险事故时车辆的实际价值进行赔偿。

2）保险车辆的零部件或附属设备失窃，没有构成全车被盗，不属保险责任，保险公司不予理赔。

3）整个保险车辆被盗后，经由公安部门立案，在三个月以上仍未找到者属保险责任；在三个月内查获，但发现车辆已遭破坏或车上零部件、附属设备丢失，这种因全车被盗抢而造成的损失，也属保险责任，保险公司会按照保险条款予以相应的赔付。

4）保险车辆全车被盗抢三个月以上，保险公司向被保险人取得被盗抢车辆权益转让书后，可按规定予以赔偿。当保险金额高于或等于车辆实际价值时，按实际价值给予赔偿；当保险金额低于车辆实际价值时，按保险金额予以赔偿。

5）若在保险公司赔偿后，公安部门将被盗抢车辆查获，可将该车辆归还被保险人，并撤销其权益转让书，收回相应的赔款。如果被保险人不愿收回原车，则该车所有权归保险公司。

6）如果车辆被盗抢是由于被保险人或其驾驶员对车辆管理不善所致，因其对事故负有全部责任，保险公司免赔20%。

7）盗抢险的保险费为车辆损失险保险费的20%～30%，即盗抢保险费＝（车辆损失险基本保险费＋保险金额×费率）×20%～30%。

【活动实施】

你现在作为某汽车专卖店的一名专业销售顾问，客户购买了一款16万元的轿车后，请推荐一款方案，并详细列出该保险方案的险种组合。

尊贵的客户您看，在购买了新车后，要正常使用车辆需要为新车购买车辆保险，选择车险是个麻烦事，要考虑的因素有很多，针对您的情况我做了综合考虑，特别为您的爱车制订了一个保险方案。

首先是交强险950元，从2008年8月开始，所有的新车必须购买，是车辆上路上牌前必须要做的事情。然后是车损险，是一定要上的。即使开车技术再棒，但俗话说得好，“不怕一万就怕万一”，保不定哪天碰了、刮了，到修理厂稍微修修就要花不少钱，投了车损险就不用着急了，这部分算下来是2421.65元。

第三者险最好能投保到30万元或50万元保额，尤其是像您刚购新车，虽然您的驾驶技术非常好，但是难保路况复杂发生碰擦，这样即使一不小心发生意外，也不必担心事后无力承担责任了。如果在两档保额之间选择的话，可以上浮一个档次投保。所以在本地我推荐您报50万保额的第三者责任险，保费1327.7元。

最后，考虑到您的切身利益，投保不计免赔特约保险可以给您最大的保障。据统计，出险的时候车主们用到最多的险种就是车损险和第三者责任险，通过投保不计免赔特约保险，在这两个险种上才能得到您所应该承担损失的100%赔偿。而且价格并不贵，562.4元。当然，针对不同的保险公司，并不是所有附加险都有不计免赔，还有的买了不计免赔险也还有车主自己承担部分费用的“绝对免赔”。

这样，您投保的三个基本险种和一个附加险种的总价为5 261.75元，这个组合可以说是最佳的组合，让您在遇到情况时没有后顾之忧了！

练习题17

1. 你现在作为某汽车专卖店的一名专业销售顾问，成功与客户签订销售合同，售出一款20万元的轿车。客户购买的方式以按揭的形式进行，按揭期3年。办理相关手续时，需要向该客户推荐一款保险方案，并详细解释该保险方案的险种组合。

提示：

除一般的强制保险等险种外，应当根据具体情况选择合适的险种。这名客户以按揭方式购买车型，则需要购买盗抢险。

2. 某客户以公司的名义购买了一款价值20万元的轿车。作为销售顾问，请向其推荐一款保险购买方案，并详细解释该保险方案的险种组合。

提示：

客户以公司的名义购买轿车，在保险费率上有一定的优惠。